Die künftige Rechtsstellung des unehelichen Kindes

von

Konrad Hübner
Landgerichtspräsident i. R. in Kassel

1954

WALTER DE GRUYTER & CO
vormals G. J. Göschen'sche Verlagshandlung / J. Guttentag, Verlagsbuchhandlung / Georg Reimer / Karl J. Trübner / Veit & Comp.

Archiv-Nr. 27 03 54
Satz und Druck: Berliner Buchdruckerei Union GmbH., Berlin SW 29

Inhaltsübersicht

A. Einleitung

Die Rechtsstellung, die das BGB. dem unehelichen Kinde (im folgenden „U“) gegeben hat, ist in mancher Hinsicht ungünstiger als diejenige älterer Gesetze[1]. Die prüden und tugendstolzen Bürger um die Jahrhundertwende wollten nicht viel von dem Lose der U. wissen. Eine Annäherung der Lage der U. an diejenige der ehelichen Kinder (im folgenden „E“) war ihnen unerwünscht.

Die Zeit der Aufklärung ist diesem Ziele schon näher gewesen. Nach dem preußischen Allgemeinen Landrechte (II, 2, IX. Abschn.) erlangte das Brautkind dadurch, daß der Bräutigam es als sein Kind anerkannte, die Rechte des E. (§ 597). Für den Unterhalt haftete, wenn der Erzeuger nicht zahlen konnte, die genügend bemittelte Mutter und, wenn auch ihr Einkommen hierzu nicht ausreichte, die Eltern des Erzeugers (§§ 628 ff.). Das Kind hatte sogar ein gesetzliches Erbrecht zu $^1/_6$ gegenüber dem Erzeuger, wenn eheliche Kinder als Erben fehlten (§ 652). Hatte die Mutter mit mehreren Männern Geschlechtsverkehr gehabt, so haftete jeder Beischläfer. Der Vormund konnte einen nach dem anderen in Anspruch nehmen (§§ 619, 620).

Das Gefühl für eine Verantwortung gegenüber den an ihrem Lose unschuldigen U. war allerdings schon im 19. Jahrhundert vielfach erwacht. Der Arzt Dr. Taube in Leipzig – er beschäftigte schon „Pflegedamen“ – und die Professoren Dr. Klumker[2] und Spann[3] in Frankfurt a. M. sind Schrittmacher für das Jugendwohlfahrtsgesetz gewesen. Sie wiesen schon darauf hin, daß die gleiche Aufsicht über E. und U. und deren Vormünder eingerichtet werden müsse. Unter dem Eindrucke der Kriegsnot fand eine Gleichstellung der E. und U. den ersten gesetzlichen Ausdruck in einer Reichsverordnung vom 4. August 1914, durch die die Familienunterstützung der Kriegsteilnehmer auch dem U. und dessen Mutter gewährt wurde[4]. 1917 folgte ein Beschluß des Reichstagsausschusses für Bevölkerungspolitik[5].

Er enthielt u. a. folgende Anträge:

1. Die Nachteile aus der Einrede des Mehrverkehres zu beseitigen.
2. § 1717 Abs. 2 BGB. dem § 1592 II BGB. gleich zu gestalten.
3. Berücksichtigung des Standes des Erzeugers bei der Bemessung der Unterhaltsbeträge.

---

[1] Siehe das harte Urteil von Prof. Dr. Klumker in seinem Aufsatze: „Der Unehelichenschutz im Deutschen Reiche“ (Archiv f. Sozialwissenschaft u. Sozialpolitik Bd. 55, S. 156).

[2] Siehe Klumker, S. 157 ff., 164.

[3] Siehe Prof. Dr. Othmar Spann, Vorträge der Gehestiftung in Dresden, I. Bd. 1909 (bei Teubner).

[4] Klumker, S. 175.

[5] Siehe Otto Rühle: „Das proletarische Kind“, Albert Langen, 1922, S. 84/85.

4. Ausdehnung der Unterhaltspflicht bis zum 18. Lebensjahre des U.
5. Beschleunigung der Beitreibung der Unterhaltsbeträge nach den Grundsätzen des Verwaltungszwangsverfahrens.
6. Sicherung der Bestrafung zahlungsunlustiger Erzeuger gemäß dem – 1943 durch den § 170b ersetzten – § 361 Ziff. 10 StrGB. und Anwendbarkeit des § 362 StrGB.
7. Erleichterung der Annahme an Kindes statt und der Führung des Namens des Erzeugers.

Um diese Zeit hatte der Gedanke einer Verbesserung der Stellung des U., insbesondere einer Annäherung seiner Rechtslage an diejenige des E. in vielen ausländischen Staaten gesetzlichen Ausdruck gefunden.

Sowjetrußland stellt dem Gesetzeswortlaut nach die unehelichen Kinder den ehelichen völlig gleich. Aber natürlich erzieht im allgemeinen die Mutter das Kind allein. Sie hat die Gewalt über das Kind und die Befugnis zu dessen Vertretung. Wer als Vater des Kindes zu gelten hat, bestimmt das Gericht nach freiem Ermessen. Unter mehreren Beischläfern sucht es sich meist den zahlungsfähigsten aus[6]).

Einer Verwirklichung näher als das sowjetische Recht kommt dar norwegische Recht von 1915. Die außer der Ehe Geschwängerte muß schon drei Monate vor der Geburt des unehelichen Kindes ihren Zustand einem Arzte oder einer Hebamme mitteilen und den Namen des Erzeugers nennen. Der Amtmann stellt nach Ermittelungen von Amts wegen den Erzeuger möglichst schon vor der Geburt des Kindes fest. Sache des zum „Vater“ Erklärten ist es, auf Feststellung zu klagen, daß er nicht der Erzeuger sein könne, oder daß die Mutter mit mehreren Männern verkehrt habe. Der Vater haftet neben der Mutter für den Unterhalt und die Erziehung bis zum 16. Lebensjahre des U. und länger, wenn es nach der wirtschaftlichen Lage des Vaters billig ist. Läßt sich der Erzeuger nicht feststellen, so haftet jeder Beischläfer als Gesamtschuldner für den gleichen Unterhaltsbetrag wie ein festgestellter Erzeuger[7]). Das uneheliche Kind hat die Wahl, ob es den Namen des Vaters oder der Mutter annehmen will, und ein gesetzliches Erbrecht gegenüber dem Vater und dessen Verwandten. Umgekehrt beerben der Vater und dessen Verwandte auch das uneheliche Kind[8]).

In Schweden besteht auch die Pflicht zur Anmeldung einer Schwangerschaft. Die Einrede des Mehrverkehrs ist ausgeschlossen. Es haftet der von der Mutter bezeichnete Beischläfer, wenn seine Vaterschaft nicht unwahrscheinlich ist. Das anerkannte oder durch Urteil festgestellte Brautkind hat ein Erbrecht nach dem Erzeuger aber nicht nach dessen Angehörigen. Die Mutter hat im allgemeinen die Gewalt über das Kind und dessen Ver-

---

[6]) § 25 des Gesetzbuches für die RSFSR. über die Ehe vom 19. 11. 26. Siehe auch Hedemann, Die künftige Rechtsstellung des unehelichen Kindes, Monatsschrift f. Deutsches Recht 1952, S. 454 ff. Er empfiehlt auch die Bestimmung des Vaters durch das Gericht (S. 455, unter 3).
Ähnlich in anderen Staaten der Sowjet-Union, vgl. Tomforde-Dieffenbach-Webler, „Das Recht des unehelichen Kindes und seiner Mutter im In- und Auslande“. Carl-Heymann-Verlag, IV. Aufl., 1935, S. 209, 212, 217.

[7]) Tomforde usw., V. Aufl., 1952, S. 2–7.

[8]) Gesetz vom 10. April 1915, mit Nachträgen bis 1949.

tretung, kann aber mit dem Vater die Übernahme durch ihn vereinbaren. Sie erhält einen Beistand. Die Unterhaltspflicht des Vaters endet mit der Vollendung des 15. Lebensjahres des Kindes, unter Umständen aber auch erst später[9]).

In der Schweiz und der Türkei (die das Schweizer Zivilgesetzbuch von 1907 übernommen hat), kann die Mutter schon vor der Geburt Unterhaltsansprüche des Kindes einklagen. Der Verklagte kann außer der Einrede der Unmöglichkeit und der Berechtigung erheblicher Zweifel an seiner Vaterschaft auch die Einrede des unzüchtigen Lebenswandels erheben, die alle Ansprüche des Kindes selbst dann ausschließt, wenn sich die Vaterschaft des Verklagten feststellen läßt. Die Mutter ist Versorgerin und Vertreterin des Kindes, hat aber einen Beistand. Es gibt eine „Zusprechung des Kindes mit Standesfolge" nach dem Vater, wenn der Vater zurzeit der Erzeugung noch nicht verheiratet war und der Mutter die Ehe versprochen oder durch die Beiwohnung an ihr ein Verbrechen begangen hat. Die volle Ehelichkeitserklärung ist möglich, wenn das Kind ein Brautkind war und die Ehe der Eltern nur durch den Tod oder die Eheunfähigkeit eines Teiles verhindert worden ist. Ein Kind mit Standesfolge oder ein vom Vater freiwillig anerkanntes Kind erhält den Namen des Vaters und dessen Heimatzugehörigkeit. Die Vormundschaftsbehörde kann das Kind unter die Gewalt des Vaters stellen. Für die Höhe der Unterhaltsansprüche gegen den Vater ist der Lebensstand beider Eltern maßgebend[10]).

In Frankreich gibt es außer der freiwilligen Anerkennung die gerichtliche, durch Klage veranlaßte Anerkennung, wenn der festgestellte Erzeuger die Mutter entführt oder zum Beischlafe gezwungen oder den Beischlaf erschlichen hat; ferner, wenn ein wirkliches Liebesverhältnis zur Mutter vorgelegen hat. Das anerkannte Kind ist mit dem Vater verwandt. Es hat ein Erbrecht gegenüber dem Vater, und zwar neben ehelichen Kindern zu $^1/_2$, neben anderen gesetzlichen Erben zu $^3/_4$ des gesetzlichen Erbteils. Der Vater hat auch die elterliche Gewalt. Gegenüber anderen Beischläfern besteht ein Schadensersatzanspruch[11]).

Auch in Italien gibt es außer der freiwilligen Anerkennung diejenige durch Urteil – aber nur dann, wenn das Kind die Folge einer Entführung oder von Notzucht ist, oder wenn die Vaterschaft in irgendeiner Weise offensichtlich ist. Die Kinder sind mit ihren anerkennenden Vätern verwandt und führen deren Namen, werden von ihnen unterhalten und erzogen und erben von ihnen die Hälfte von dem, was die ehelichen Kinder erben. Der Vater hat die Gewalt über sie. Jedes andere U. ist, wenn nicht die Mutter es anerkennt, im allgemeinen völlig ohne Verwandte – ein Findelkind, das von Amts wegen irgendeinen Namen erhält und in einem Findelhaus aus Staats- oder Wohltätigkeitsmitteln unterhalten und erzogen wird. Jede Nachforschung nach der Vaterschaft ist verboten[12]). Ganz ähnlich ist die Lage des U. in Spanien[13]).

---

[9]) Tomforde, 52: Schweden: S.1/2, Ges. v. 1949.
[10]) Tomforde, 52: Schweiz S. 3–9 u. 26.
[11]) Tomforde, 35 S. 52 ff., Bergmann: Internationales Ehe- und Kindschaftsrecht, Frankfurt a. M. 1952: Frankreich S. 36.
[12]) Tomforde, 35 S. 87 ff., Bergmann: Italien S. 23.
[13]) Tomforde, 35 S. 224, Bergmann: Spanien S. 21.

Auch in den Niederlanden gibt das (nur freiwillig mögliche) Anerkenntnis dem Kinde eine dem ehelichen Kinde fast gleiche Stellung. Die Pflicht des Vaters zum Unterhalte besteht bis zum 21. Lebensjahre des Kindes[14]).

In Dänemark gibt es durch Anerkennung oder Urteil festgestellte „Väter" und – bei Mehrverkehr der Mutter – „Beitragspflichtige", nämlich alle Beischläfer, deren Vaterschaft nicht unmöglich ist. Der Vater, dessen Namen das Kind annehmen kann, zahlt neben der Mutter im allgemeinen $^3/_5$ des Unterhaltes bis zum 18. Lebensjahre. Die Mutter hat grundsätzlich die Gewalt über ihr Kind[15]).

In England hat das uneheliche Kind eine viel schlechtere Stellung als in Deutschland. Es ist nicht einmal mit seiner Mutter verwandt und führt nicht ohne weiteres den Namen der Mutter[16]). Es hat kein gesetzliches Erbrecht nach ihr. Es ist „niemandes Kind". Die Mutter hat in der Regel die volle Gewalt über das Kind. Sie kann für sich von dem Erzeuger einen sehr begrenzten Unterhalt verlangen. Aber das erwachsene uneheliche Kind kann jeden Namen, auch denjenigen seines Erzeugers, annehmen[17]) [18]).

1919 wurde in die Weimarer Verfassung der Grundsatz eingefügt, daß die U's die gleichen Lebensbedingungen wie die E's erhalten müssen (Art. 121). Dieser Artikel veranlaßte Dr. Geiger – so weit ich sehe – zu dem erschöpfendsten Werke, das über die Gestaltung des Rechtes des U. geschrieben ist[19]). Die Frage, wie der Grundsatz der Verfassung zu verwirklichen sei, ist 1921 auf dem Deutschen Juristentage in Bamberg erörtert worden[20]). Dort hat man sich für eine Gesamthaftung aller derjenigen Beischläfer der Mutter, von denen jeder der Vater sein kann, für die Übertragung des Namens des Erzeugers mit dessen Zustimmung, für eine Unterhaltspflicht der Mutter neben dem Erzeuger, für die Übertragung der Gewalt auf die Mutter nach einer Bewährungsfrist und eine Erleichterung der Annahme an Kindesstatt (Annahme neben eigenen ehelichen Kindern, Fortfall der Altersgrenzen) ausgesprochen. Einen ganz wesentlichen Fortschritt in der Fürsorge für die U. brachte dann das Jugendwohlfahrtsgesetz

---

14) Tomforde, 52: Niederlande S. 2, Bergmann: Niederlande S. 24.

15) Tomforde, 52: Dänemark S. 1 ff., Bergmann: Dänemark S. 24.

16) Trotzdem wird das Kind in das Geburtenbuch unter dem Namen der Mutter eingetragen. Vgl. Dr. Margrit Hörni: „Die persönlichen Rechtsbeziehungen zwischen dem außerehelichen Kinde und dessen Mutter in rechtsvergleichender Darstellung" (Züricher Beiträge, Verlag H. R. Sauerländer & Co., Aarau 1943), S. 125. – Siehe auch Geiger, S. 36. – Übrigens gehört auch nach Pr. ARL. II, 2, IX, § 639 das U. weder der Familie des Vaters noch derjenigen der Mutter an.

17) Tomforde, 35 S. 116 ff., s. auch Cohn, Unterhaltsansprüche unehelicher Kinder in England, Juristenzeitung 1952, S. 449 ff., Bergmann: Großbritannien S. 36.

18) Für das das U. betreffende Internationale Privatrecht, s. P. H. Neuhaus „Die Verpflichtungen des unehelichen Vaters im deutschen internationalen Privatrecht", Kohlhammer Verlag-Stuttgart 1953, mit umfangreichen Angaben über das Schrifttum.

19) Dr. Theodor Geiger „Das uneheliche Kind und seine Mutter, ein Versuch auf der Basis kritischer Rechtsvergleiche" München, J. Schweizer 1920.

20) Verhandlungen des 32. Dt. Juristentages, hrausgegeben vom Schriftführeramt der ständigen Deputation, W. de Gruyter, Berlin, 1922, S. 150–185 – im folgenden „DJT 21".

vom 9. 7. 1922, das grundsätzlich dem Schutze jedes hilfsbedürftigen Kindes, des ehelichen wie des unehelichen (s. §§ 1–4) dient und die längst empfohlene[21]) Berufsvormundschaft zur Verbesserung der Aufsicht und Unterstützung von Mutter und Kind einführte.

1925 hat der Reichsminister der Justiz den bereits 1920 verfaßten Berichterstatterentwurf zur Verwirklichung des Art. 121 der Weimarer Verfassung vorgelegt[22]). Die Gestaltung des Rechtes des U. ist hier Gegenstand vieler beachtenswerter, sehr in das einzelne eindringender Vorschläge. Wer „als Vater" bezeichnet ist und der Mutter innerhalb der Empfängniszeit beigewohnt hat, gilt als Vater, „es sei denn, daß den Umständen nach erhebliche Zweifel daran begründet sind, daß die Mutter das Kind aus dieser Beiwohnung empfangen hat" (§ 1705g). Der Verkehr der Mutter mit mehreren Männern behält also mittelbar Bedeutung. Diesem wahrscheinlichen Vater kann ebenso wie einem anerkannt wirklichen Erzeuger das Recht zum Verkehr mit dem Kinde (§ 1707a), die Sorge für das Kind und sogar die elterliche Gewalt, ebenso aber auch der Mutter die elterliche Gewalt (§ 1707b) anvertraut werden. Bei der Bemessung des Unterhaltes, der bei einer lange währenden Berufsausbildung über das 16. Lebensjahr hinausgehen kann, können auch die wirtschaftlichen Verhältnisse des Erzeugers berücksichtigt werden (§ 1708a). Die Eltern des Vaters sind, falls er und die Mutter leistungsunfähig sind, zur Unterhaltung des Kindes verpflichtet (§ 1708d). Die Unterhaltspflicht des Vaters geht auf dessen Erben über; nur dessen Witwe und dessen eheliche Kinder können das uneheliche Kind mit dem Pflichtteil eines E., falls er nicht zu gering ist, abfinden. Ist aber kein wirklicher oder auch nur wahrscheinlicher Vater feststellbar, so hat eine Gemeinschaft der unwahrscheinlichen Väter, so haben nämlich alle Beischläfer der Mutter, deren Vaterschaft nicht unmöglich ist, in Gesamthaftung[23]) einen geringeren Unterhalt – im Rahmen der heute geltenden Bestimmungen – aufzubringen. Der Anerkennende kann die Anerkennung anfechten, wenn er sich in der Ausschließlichkeit des Verkehrs der Mutter mit ihm geirrt hat. Alle Entscheidungen, auch die über die Unterhaltspflicht und die Ehelichkeitserklärung trifft der Vormundschaftsrichter[24]).

1935 haben sich sowohl die evangelische wie die katholische Kirche mit einer Erneuerung des Rechtes des U. beschäftigt.

Die katholische Kirche lehnt „jede familienrechtliche Konstruktion", also z. B. im allgemeinen die Übertragung der elterlichen Gewalt auf die Mutter, ab. Ein Ausgleich des Verstoßes gegen die ethische Ordnung sei nicht möglich. Immerhin könne der Erzeuger bei dem Ausfall der Mutter die Sorge für das U. erhalten. Der Unterhaltsanspruch gehöre dem Schuldrechte an.

---

[21]) Siehe z. B. Spann S. 198.

[22]) Abgedruckt im Reichsarbeitsbl. 1925, S. 459 ff., umgearbeitet 1929, dazu Ministerialrat Dr. Brandis i. JW. 25, S. 2725 ff.

[23]) Preuß.ALR. § 619, 620.

[24]) Kritische Würdigung dieses Entwurfes, insbesondere von Kipp: „Zur Reform d. Rechtes d. unehelichen Kinder" in der Feftschrift zum 70. Geburtstag Stammlers, 1926, bei de Gruyter & Co., ferner Klumker im Zentralbl. f. Jugendrecht 1925, S. 157 ff. Min.-Rat Dr. Brandis aaO., Storck u. Müller im Zentralbl. f. Jugendpflege 1925, S. 234 ff.

Unterhaltspflichtig könne nur der sein, dessen Vaterschaft am wahrscheinlichsten sei. Der Unterhalt sei bis zur Beendigung der Berufsausbildung, höchstens bis zur Vollendung des 18. Lebensjahres des U. zu gewähren. Ein gewisser Anteil am Nachlasse des Erzeugers – nicht über den Wert des Pflichtteilanspruches des E. hinaus – sei angebracht[25]).

Die evangelische Kirche fordert ein familienrechtliches Verhältnis zwischen dem Erzeuger und dem U. Sie lehnt eine gemeinsame Haftung mehrerer Beischläfer der Mutter ab, weil sie zur Voraussetzung die für Mutter und Kind gleich peinliche Feststellung des Umfanges des Mehrverkehres der Mutter hat, und weil ein fiskalisches Interesse des Staates an dieser Feststellung unwürdig sei; auch biologische Gründe sprächen für die Haftung eines Beischläfers. Aber jeder mögliche Erzeuger müsse haften, wenn auch nur einer in Anspruch zu nehmen sei. Bei der Höhe und der Dauer des vom Vater gewährten Unterhaltes seien die Lebensstellung des Vaters und das Ziel einer möglichst guten Berufsausbildung des U. zu berücksichtigen. Als Vater habe zu gelten, wer anerkannt habe oder als solcher durch Urteil festgestellt sei. Er habe als mit dem Kinde verwandt zu gelten. Auf seinen Antrag führe das U. mit Zustimmung der Mutter seinen Namen. Im allgemeinen könne weder der Mutter noch dem Vater die elterliche Gewalt über das U. anvertraut werden, da die meisten Eltern zu jung seien ($^1/_5$ aller Väter minderjährig, ¼ im Alter von 20–25 Jahren; von den Müttern 50% weniger als 25 Jahre alt, $^1/_4$–$^1/_2$ sogar minderjährig). Die Annahme an Kindesstatt müsse auch den Eltern von Kindern gestattet sein[26]).

Schon vor 1949 hat in dem von der UDSSR besetzten deutschen Gebiete eine „Rechtskommission des zentralen Frauenausschusses"[27]) folgende Vorschläge gemacht: Als unehelicher Vater soll jeder gelten, der infolge eines Verkehrs mit der Mutter in der Empfängniszeit der Erzeuger sein kann. Die „sehr anstößige Mehrverkehrseinrede", aber auch mehrere Zahlväter soll es nicht geben. U's ohne Vater und mit mehreren Zahlern wären besonderer Verachtung ausgesetzt. Das Kind soll immer den Namen der Mutter, und zwar auch den Familiennamen, den die zurzeit der Geburt verheiratete Mutter hat, führen. Der uneheliche Vater kann stufenweise bei Bewährung die Stellung des ehelichen Vaters erringen. Für den Unterhalt haben Mutter und Erzeuger grundsätzlich gemeinsam zu sorgen.

Das Grundgesetz für die Republik Deutschland von 1949 („Bonner Grundgesetz" = BGG.) hat den Art. 121 der Weimarer Verfassung fast wörtlich übernommen: Der Absatz 5 des Art. 6 lautet:

---

[25]) Siehe Peters, „Das Recht des U." Caritas und Recht, Dümmlers Verlag Bonn 1947, S. 31.

[26]) Siehe Denkschrift des Zentralausschusses für die Innere Mission der deutschen evangel. Kirche zugleich i. Auftrage d. Frauenwerkes d. evangel. Kirche in „Die Innere Mission", Wichern-Verlag Berlin, Jahrgang 1935, S. 304 ff. (Im folgenden „Ev. Kirche") und Hundinger, „Neugestaltung des Unehelichenrechtes", ebenda S. 290, 291 – Ein Rechtsanwalt Siegel (Ludendorff-Verlag!) fordert in Anlehnung an einen Entwurf Borchert-Cornelius im „Dt. Recht" Jahrg. 1934 S. 161 volle Gleichstellung des U. mit dem E.

[27]) Siehe Hilde Benjamin in „Vorschläge z. neuen deutschen Familienrecht", Bücherei der deutschen Frau, Deutscher Frauenverlag Berlin NW 7, 1949.

„Den unehelichen Kindern sind durch die Gesetzgebung die gleichen Bedingungen für ihre leibliche und seelische Entwicklung und ihre Stellung in der Gesellschaft zu schaffen wie den ehelichen Kindern."

Diese Bestimmung ist zwar ein Teil der Grundrechte der Verfassung; trotzdem enthält sie kein unmittelbar geltendes Recht i. S. des Art. 1 Ziff. 3 BGG.; denn sie gibt nur den Befehl an den Gesetzgeber, für die unehelichen Kinder die gleichen Bedingungen wie für die ehelichen zu schaffen[28]). Es ist Aufgabe der Bundesparlamente, dieser Anweisung zu folgen[29]).

Der Oberste Gerichtshof für die englische Zone hat gemeint, das BGG. fordere nicht die rechtliche und wirtschaftliche Gleichstellung der U. mit den E.; die Schaffung gleicher Bedingungen für die Entwicklung zum Menschen und guten Bürger sei weniger. Ich neige zu der Auffassung, daß gleiche oder gleichwertige Rechte und eine gleichartige wirtschaftliche Stellung die ersten Bedingungen für die Gleichstellung sind; daß darüber hinaus der gute Wille der Verwaltung, insbesondere der mit der Betreuung der U. beauftragten Behörden und schließlich die Haltung jeden Staatsbürgers gegenüber diesen Kindern die letzten und tiefsten Bedingungen - insbesondere für die seelische und gesellschaftliche Entwicklung der U. — setzen.

Eine wirkliche Gleichstellung wäre nur möglich, wenn der Staat die Erziehung und Ernährung aller Kinder, der E. und der U., übernähme. Diese Einrichtung würde die Vernichtung der Ehe bedeuten[30]). Aber selbst der Sowjetstaat[31]) und ebenso die deutschen Staaten des Ostens wollen die Ehe und die Familie nicht vernichten[32]). So lange es aber die Ehe gibt, kann das Kind ohne einen mit der Mutter zusammen lebenden und das Kind beeinflussenden Vater nicht dieselbe seelische und gesellschaftliche Erziehung genießen wie das eheliche Kind[33]). Selbst das Kind einer „wilden" Ehe kann nicht mit dem ehelichen Kinde ganz gleich stehen, weil — in den meisten Fällen mit Recht — eine solche Familie in minderem Ansehen steht als die auf die Ehe gegründete Familie. Deshalb hat m. E. mit Recht der Parlamentarische Rat einen Antrag (mit knapper Mehrheit) abgelehnt des Wortlautes:

> „Das uneheliche Kind steht dem ehelichen gleich; es gilt mit seinem natürlichen Vater als verwandt."

---

[28]) Vgl. Entscheidung des Ob. Gerichtshofes f. d. Brit. Zone vom 24. 6. 1949 in NJW. 49, S. 751 ff. — ebenso Neumann-Duisburg in NJW. 50, S. 17.

[29]) Die Gleichstellung der unehelichen mit den ehelichen Kindern ist in den Ländern d. Ostzone auf Grund der Verfassung der „Deutschen Demokratischen Republik" (Art. 7, II) unmittelbar geltendes Recht vom 1. 7. 1949 an, ohne daß Ausführungsvorschriften ergangen sind. Den Gerichten sind dadurch außerordentlich schwere Aufgaben aufgebürdet (vgl. Rechtsanwalt Dr. Roth in der Neuen Justiz 1949, S. 402 ff., Dr. Sattler NJ. 1949, S. 15, Graf NJ. 1950, S. 14 ff. (recht gemäßigte Vorschläge). Sehr beachtenswerte Ausführungen von Löwenthal NJ. 1949, S. 285.

[30]) Siehe Geiger S. 328.

[31]) Sowjetisches Gesetzbuch über die Ehe, Familie usw. vom 19. 11. 1926.

[32]) Art. 30 der Verfassung der Deutschen Demokratischen Republik, „Grundlage des Gemeinschaftslebens sind Ehe und Familie."

[33]) Ebenso Kipp aaO., S. 360, AGRat. Dr. Rademacher (Ostzone) in der NJ. 1950, S. 80.

Das künftige Bundesgesetz über das uneheliche Kind kann also nur versuchen, die Stellung des unehelichen Kindes derjenigen des ehelichen Kindes soweit wie möglich aber ohne Schmälerung der Bedeutung und des Ansehens der Ehe anzunähern.

B. Hauptteil

I. Hebung der Stellung der unehelichen Mutter.

Die Annäherung der Stellung des U. an das E. erfordert eine Verbesserung der sozialen und gesellschaftlichen Lage der unehelichen Mutter. Die Minderachtung, unter der das an den Umständen seiner Entstehung unschuldige Kind leidet, ist doch wohl vorwiegend auf die, sein wirtschaftliches und soziales Vorwärtskommen außerordentlich behindernde „Verfehlung" der Mutter zurückzuführen. Die Auffassung, daß das uneheliche Kind an Körper oder Geist dem ehelichen Kinde nachstehe, ist unrichtig[34]) und besteht wohl nicht mehr. In manchen Fällen sind allerdings die geringen Geldmittel, die Mutter und Kind zur Verfügung stehen, Ursache dafür, daß das von Natur lebenstüchtige Kind keine ausreichende Ernährung und keine genügende Berufsausbildung erhält. Nicht ganz unbeteiligt an der Minderachtung mag der Umstand sein, daß die unehelichen Mütter zum größten Teile arm und wenig gebildet sind, und von solchen wiederum ein Teil mit dem U. in einer Umgebung lebt, die der sittlichen Entwicklung des Kindes ungünstig ist[35]). Die Mißachtung, unter der die uneheliche Mutter und ihr Kind von jeher gelitten haben, hat in den letzten Jahrzehnten m. E. infolge der immer zunehmenden Verwischung von Standesunterschieden, infolge einer viel größeren Ehrlichkeit auf dem Gebiete des Geschlechtslebens und infolge der großen Ungezwungenheit des Berufs- und Gesellschaftsverkehrs zwischen den Geschlechtern in erheblichem Maße abgenommen. Es ist m. E. eine richtige Einschätzung der Ehe, wenn Mütter ehelicher Kinder größeres Ansehen genießen als die Mütter der U. Diese Unterscheidung darf aber nicht eine Minderbewertung der unehelichen Mutter als Mensch zur Grundlage haben und nicht stärker sein, als zur Erhaltung und Förderung des Bewußtseins von dem besonderen Werte der Ehe – der Grundlage der abendländischen Kultur – erforderlich ist. Das Ziel sollte sein, daß die uneheliche Mutter grundsätzlich keine geringere Achtung genießt als irgendein kinderloses Mädchen, und daß es nur darauf ankommt, unter welchen Lebensumständen sie Mutter geworden ist, und wie sie sich mit ihrem Schicksal abfindet. Dieses Ziel kann aber m. E. – wie die Ursache der Abnahme der Mißachtung – nur dadurch erreicht werden, daß die Vertuschung unehelicher Mutterschaft, unehelicher Geburt und unehelicher Vaterschaft völlig verschwindet und z. B. nicht mehr aus falscher Rücksicht Geburtsurkunden ausgestellt werden, die die

[34]) Siehe Rühle S. 76, ferner Dr. Hugo Schröder, „Das Problem der Unehelichen" Verlag Kurt Kabitzsch, Leipzig 1924, S. 11, 14, 18–27 und 65, Spann S. 170. Die Kindersterblichkeit ist bei den U. allerdings um 1/5 größer.

[35]) Die Kriminalität der U. ist etwa um 1/3 größer als die der E., Rühle S. 91.

Abstammung der in den Urkunden Genannten verschweigen[36]. Mit solchem Vertuschen bescheinigt der Staat, daß er selbst mindere Achtung vor der unehelichen Mutter und deren Kind hat. Die Betroffenen können durch unbefangenes Bekenntnis ihres Personenstandes an Ansehen nur gewinnen. Schon in den oberen Klassen der Schulen müßten die Schüler in diesem Sinne erzogen werden. Der Hinweis wäre von Nutzen, daß von den jeweils geborenen Kindern 10–13 % unehelich sind – ungerechnet die in der Ehe geborenen, aber vor der Ehe erzeugten Kinder[37]. Es wäre ihnen einzuprägen, daß uneheliche Geburt keine Schande, allerdings aber in vielen Fällen für Mutter und Kind ein Unglück ist, insbesondere die Aussicht auf den Eintritt in den Ehestand häufig erschwert[38].

1. Das öffentliche Vertrauen zu den unehelichen Müttern kann nicht wirkungsvoller gehoben werden, als daß ihnen grundsätzlich die volle (elterliche) Gewalt über ihr Kind anvertraut wird. Hiergegen sind von vielen Seiten Bedenken geäußert aus der Auffassung heraus, daß die uneheliche Mutter ihren Aufgaben als Gewalthaberin aus Unerfahrenheit und Unbildung nicht gewachsen sei[39]). Andere halten sie nur in Ausnahmefällen für angebracht[40]). Viele wollen die Übertragung der Gewalt von einer Bewährungfrist abhängig machen[41]). Rußland[42]), Norwegen, Schweden und Dänemark haben die Gewalt der unehelichen Mutter über das Kind eingeführt[43]).

Ich halte die vielfältigen Bedenken für ungerechtfertigt. Was die Sorge für das Kind selbst angeht, so steht sie im allgemeinen der Mutter – falls sie erwerbstätig ist, häufig neben ihr der Großmutter oder einer anderen nahen Verwandten – zu, weil sie mindestens in den Kinderjahren des U.

---

[36]) Siehe Geiger S. 322 – Gertrud Bäumer in „Richter und Staat im neuen Deutschland" (Herausgeber Bernhard Harms, Kiel, Verlag Reimar Hobbing) 1929, II Bd.: „Das Jugendrecht", S. 232 – lehnt die gesellschaftliche Schonung des Erzeugers um seiner Familie willen ab.

[37]) Vgl. Rühle S. 76, Schröder S. 11, Klumker S. 163; nach ihm haben 70 % erstgebärender Frauen bereits vor der Ehe Geschlechtsverkehr gehabt. Statistische Angaben auch bei Spann S. 179. Im 2. Vierteljahr 1950 waren 9,9 % der lebend geborenen Kinder unehelich (Rundbrief für die Mitglieder des deutschen Institutes für Jugendhilfe in Hildesheim XXIII. Jahrgang, Folge 8/9.

[38]) In Sowjet-Rußland wird derjenige bestraft, der eine unverheiratete Frau in ihrer Mutterwürde beleidigt oder erniedrigt.

[39]) Spann S. 176, ev. Kirche S. 306 – Elisabeth Zillken i. d. „Caritas", Zeitschrift für Caritas-Wissenschaft u. Caritas-Arbeit, Jahrg. 1936, Caritas-Verlag Freiburg/Br., S. 45.
Für das geltende Recht empfiehlt Dr. Emmi Diemer der unehelichen Mutter die Stellung der ehelichen Mutter dadurch zu verschaffen, daß ihr die Adoption ihres eigenen Kindes gestattet wird („Die Welt der Frau", Jahrgang 1947, Heft 2, S. 30) – eine schon früher häufig erwogene Hilfe für zuverlässige und tüchtige uneheliche Mütter. Siehe Staudinger, Anm. 1 a, Abs. 4 zu § 1741 BGB. mit Aufzählung des Schrifttums.

[40]) Geiger S. 49 und 306, kath. Kirche (Peters) S. 23.

[41]) Schröder S. 70, DJT. 21 S. 159 unter IV, 2, Entwurf von 1925, Dr. Franz Wolf: „Die Rechtsstellung des U. im BGB. und ihre Reform, Stuttgart und Berlin 1918, Geiger S. 58.

[42]) Ebenso für die Ostzone: Graf – Bischofswerda (Sa.) in der „Neuen Justiz", Jahrgang 1950, S. 14/15.

[43]) Siehe Tomforde 52: Norwegen S. 2, Schweden S. 3, Dänemark S. 1, Geiger S. 57.

dessen natürliche und meistens auch beste Versorgerin ist. Selbst in geschlechtlicher Hinsicht leichtsinnige Mütter sind nicht selten durchaus gewissenhafte Versorgerinnen ihrer Kinder. Geiger[44]) wirft ferner mit Recht die Frage auf, wann denn die uneheliche Mutter ein Vermögen des U. zu verwalten habe. Es kann sich höchstens gelegentlich um eine vom Erzeuger gezahlte Abfindung handeln. Es ist m. E. notwendig, für diesen Fall eine Sicherung zu schaffen, zumal die unehelichen Mütter häufig noch sehr jung sind[45]), und zwar in der Weise, daß die Wirksamkeit jedes Abkommens der Mutter mit dem Erzeuger ihres Kindes wie bisher der Genehmigung des Vormundschaftsrichters bedarf. Der Richter mag dafür sorgen, daß die Mutter mit einer Einzahlung der Abfindung bei einer Sparkasse oder Bank und einer Abhängigkeit häufiger und größerer Abhebungen von der Zustimmung des Jugendamtes einverstanden ist. Abgesehen davon üben die unehelichen Mütter häufiger als die ehelichen Mütter einen Beruf aus; sie sind infolgedessen oft genügend geschäftstüchtig, um die wirtschaftlichen Angelegenheiten des Kindes selbständig zu erledigen. Im übrigen ist zu bedenken, daß gerade heute unzählige junge Witwen mit ehelichen Kindern ganz unbeschränkte Gewalt über ihre Kinder und deren Vemögen haben. Nur ein kleiner Teil von ihnen wird gewissenhafter und befähigter zur Verwaltung des Vermögens des Kindes sein als die unehelichen Mütter. Soweit es sich um Unterhaltszahlungen für das U. handelt, müssen sie der Mutter, auch wenn sie nicht die Gewalt über das Kind hat, anvertraut werden in allen den Fällen, in denen sie das U. versorgt. Vor allem aber: Die unehelichen Kinder stehen auf Grund des § 24 I JWG. – ob sie nun in fremder Pflege oder bei der Mutter sind – unter der Aufsicht des Jugendamtes. Das Jugendamt wird von der Geburt jedes unehelichen Kindes unterrichtet (§ 36). Zum Mutterschutze gehört auch gemäß § 4 des JWG. die Beratung der Mutter und die Wohlfahrt der Kinder. Das Jugendamt kann Schutzaufsicht über das U. (§ 56 ff.) und die Fürsorgeerziehung schon dann veranlassen, „wenn die Fürsorgeerziehung zur Beseitigung der Verwahrlosung wegen Unzulänglichkeit der Erziehung erforderlich ist“, (§ 63, Ziff. 2), also auch dann, wenn die Mutter keine Schuld an ihrer Fehlerziehung trifft[46]). Es kommt dann nur darauf an, daß die Aufsicht über die U. besonders gewissenhaft ausgeübt und mit der Anwendung des § 63 JWG. nicht gezögert wird[47]).

Jede andere Vorkehrung, insbesondere die Entziehung der Versorgung des Kindes kann das Gericht gemäßt den §§ 1666, 1686 BGB. treffen. Ich halte es nicht für erforderlich, die Fälle des BGB. für die Bestellung eines Beistandes (§ 1687 BGB.) zu vermehren[48]). Gute Fürsorgerinnen des Jugendamtes werden, was die Pflege und Erziehung des Kindes anbetrifft, dasselbe wie ein Beistand leisten. Hinsichtlich einer Vermögensverwaltung genügen

---

[44]) Seite 53.

[45]) 50 % der unehelichen Mütter gebären in einem Alter von weniger als 25 Jahren, 25–30 % als Minderjährige – ev. Kirche S. 306 – ebenso Elisabeth Zillken S. 46. Sie gibt das Alter der meisten Erzeuger auf 20–27 Jahre an.

[46]) Siehe Brand-Hessel, die Vormundschafts- usw. Sachen in der gerichtlichen Praxis, Berlin, Springer 1931, Anm. 10 zu § 63.

[47]) Geiger S. 49.

[48]) So Dr. Emmi Diemer aaO.

§ 1687 Ziff. 3 BGB. und die vorgeschlagene Notwendigkeit der Zustimmung des Vormundschaftsrichters zu allen Unterhalt-Abfindungsverträgen (§ 1714 BGB.).

Ebenso wie die eheliche Mutter m. E. durch eine neue Ehe nicht die Gewalt über ihre Kinder einer früheren Ehe verlieren darf[49]), so muß sie auch die uneheliche Mutter behalten oder erhalten, wenn sie eine Ehe eingeht oder zurzeit der Geburt des Kindes bereits verheiratet ist. Eine Ausnahme ist auch in dem Falle nicht gerechtfertigt, daß das Kind die Folge eines Ehebruches ist. Dieser Umstand rechtfertigt nicht den Schluß, daß die Mutter für ihr Kind nicht ebenso gut wie eine sittlich weniger belastete Frau sorgen wird.

Sehr wesentlich ist natürlich die Hilfe des Jugendamtes bei der Beitreibung von Unterhaltsbeträgen. Diese Aufgabe und die Feststellung des Schuldners und der Höhe der Beiträge will ich auch dem Vormundschaftsgericht zuweisen, wie unten auszuführen ist, so daß die Mutter in dieser Hinsicht keiner Hilfe bedarf. Das Jugendamt verfügt außerdem als Berufsvormund über die geeigneten Kräfte und Erfahrungen, die Mutter zu beraten.

Die Mutter soll also kraft Gesetzes grundsätzlich die Gewalt über ihr U. haben. Ist allerdings der Erzeuger bereit und auch geeignet, die Gewalt über das U. zu übernehmen und die Mutter hiermit einverstanden, so muß das Vormundschaftsgericht zur Übertragung der Gewalt auf ihn in der Lage sein[50]).

2. Der Hebung der Stellung der Mutter und zugleich dem Wohle des Kindes dient eine Verbesserung der Ansprüche der Mutter gegen den Erzeuger (§ 1715 BGB.).

Die Mutter bedarf der Hilfe des Erzeugers schon während ihrer Schwangerschaft, wenn sie außer ihrem Arbeitsverdienst kein Einkommen hat und infolge der Schwangerschaft nicht arbeiten kann oder in ihrer Arbeitsfähigkeit beschränkt ist. Nach der Geburt bedarf sie auch über 6 Wochen hinaus der Hilfe, wenn sie ihr Kind stillt. Durch das Nähren des Kindes kann sie arbeitsunfähig oder in ihrer Arbeitsfähigkeit zeitlich beschränkt sein. Sie bedarf außerdem in dieser Zeit einer besonders guten Ernährung. Alle Umstände, die die Notwendigkeit und Höhe der Ansprüche betreffen, können m. E. am besten und gerechtesten berücksichtigt werden, wenn der Erzeuger in diesen Zeiten die Mutter in dem Umfange zu versorgen hat, in dem ein getrennt lebender Ehemann von gleicher Lebensstellung wie die Mutter des Kindes eine Frau zu versorgen haben würde. Die Unterstützung während der Stillzeit würde zugleich die segensreiche Wirkung einer Stillprämie haben. Diese Regelung würde nicht bedeuten, daß der Erzeuger unter allen Umständen eine Rente zu zahlen hätte, und daß die Mutter trotz ausreichenden Kräften ihr zuträgliche Berufsarbeit während Schwangerschaft und Stilltätigkeit nicht zu verrichten brauchte. Es wird sich häufig nur um kleine Zusatzrenten handeln. § 1361 Abs. 2 erlaubt

---

[49]) Siehe Hübner in Beitzke-Hübner: „Die Gleichberechtigung von Mann und Frau", 14. Beiheft zur DRZ., Mohr, Tübingen 1950 (im folgenden: „Hübner"), S. 77 u. 83 (Wegfall der §§ 1697, 1698 BGB.).

[50]) Vorgeschlagen auf dem DJT. 21, S. 160 unter IV, 6, S. 176.

eine angemessene Regelung[51]). Allerdings muß der Erzeuger – nach den Grundsätzen der Gleichberechtigung – unter allen Umständen die Hälfte der Kosten von notwendigen Aufwendungen der Mutter tragen.

Auch über diese Ansprüche, die mit der Versorgung des Kindes im engen Zusammenhange stehen, muß das Vormundschaftsgericht entscheiden. Für alle Ansprüche werden Vorauszahlungen oder Hinterlegungen in Frage kommen. Es bedarf nicht, wie § 1716 vorsieht, einstweiliger Verfügungen sondern entsprechender Beschlüsse des Vormundschaftsgerichtes.

3. Der Mutter des U. ist auch im Rahmen des Vormundschaftsrechtes dieselbe Stellung wie der ehelichen Mutter einzuräumen – d. h. hinsichtlich der Benennung und Ausschließung von Vormündern, hinsichtlich der Befreiung des Vormundes von den gesetzlichen Beschränkungen. Auch im § 1883 BGB., der die Wandlung der Unehelichkeit in die Ehelichkeit durch die Ehe der Mutter mit dem Erzeuger zum Gegenstande hat, ist ein Hinweis angebracht, daß das Kind als uneheliches nicht mehr grundsätzlich einen Vormund hat. Hinsichtlich der Bestellung von Gegenvormündern sind nicht nur die ehelichen sondern auch die unehelichen Mütter den Vätern gleichzustellen[52]).

II. Hebung der Stellung des unehelichen Kindes mit nicht feststellbarem Erzeuger.

1. Schon immer haben sich viele von denen, die sich um die Verbesserung des Loses des U. bemüht haben, dafür eingesetzt, daß auch derjenige Beischläfer der Mutter zur Unterhaltung des U. verpflichtet sein müsse, von dem nicht festzustellen ist, daß er der Erzeuger des U. ist. Sie wünschen die Beseitigung der Einrede des § 1717 Abs. 1 BGB. und die Haftung jedes Beischläfers der Mutter oder doch wenigstens jedes Beischläfers, der nicht nachweisen kann, daß die Erzeugung des Kindes durch ihn unmöglich ist[53]). Man beruft sich u. a. darauf, daß ein voller Beweis für die Abstammung eines Kindes von einem bestimmten Erzeuger sich – abgesehen von wenigen Fällen der Abstammungsfeststellung auf Grund erbbiologischer Prüfungen –[54]) niemals erbringen lasse[55]). Deshalb stehe auch nichts im Wege, jeden Beischläfer der Mutter, der der Erzeuger ihres Kindes sein könnte, an der Unterhaltung des Kindes zu beteiligen. Neben dieser Auffassung treten andere Auffassungen der Wissenschaft zurück, insbesondere diejenige, daß jeder Beischlaf außerhalb der Ehe eine

---

[51]) Siehe auch meinen Vorschlag für die Zukunft, Hübner S. 73, § 1365.

[52]) Schon die Gleichstellung von Mann und Frau gemäß Art. 3 BGB. erfordert eine Umgestaltung aller dieser Bestimmungen.

[53]) Siehe Kipp S. 366 ff., Gertrud Bäumer aaO., S. 229, Klumker (etwas eingeschränkt) S. 188, Spann S. 128, Prof. Dr. Weyl-Kiel, „Das deutsche Jugendrecht" bei Hirschfeld, Leipzig 1927, S. 79, Entwurf von 1925, Dr. Hans Dörner, Referent im Hauptamt für Volkswohlfahrt Berlin 1935, ev. Kirche (Stellung nicht recht klar) S. 312; früher schon Pr.ALR. II, 2, IX §§ 619, 620, aber abgeschafft durch die §§ 9 u. 13 Ziff. 1 d. Gesetzes vom 24. 4. 1854.

[54]) Prof. Dr. Bosch in Bonn, NJW. 1950, S. 767.

unerlaubte Handlung sei; aber auch die Theorie der Haftung „quasi ex contractu". (Der Beischlaf „eine konkludente Kontaktshandlung im Hinblick auf Eingehung einer Alimentationsverpflichtung")[56]).

Man beruft sich ferner darauf, daß in Österreich seit über 100 Jahren, in Norwegen, Schweden, Dänemark, Finnland, Portugal und Ungarn mit verschiedenen Einschränkungen und Abwandlungen eine Haftung jedes möglichen Erzeugers, zum Teil sogar jeden Beischläfers besteht[57]). Die Einrede des Mehrverkehrs war vor 1900 auch in einigen deutschen Ländern, wie im Königreich Sachsen, Sachsen-Coburg und Bayern, ausgeschlossen[58]). Die Freunde der Haftung jedes möglichen Vaters des U. berufen sich auch darauf, daß die Einrede des Mehrverkehrs „die Quelle für viele sittliche Mißstände" sei; durch Hinterlist und Alkohol versuche derjenige Beischläfer, der mit seiner Haftung für den Unterhalt eines Kindes rechnen müsse, den Beischlaf anderer Männer mit seinem Mädchen herbeizuführen[59]).

Ich halte die Verpflichtung eines Mannes, der zwar Beischläfer ist, dessen Erzeugerschaft aber nicht nachweisbar ist, für nicht angängig.

Niemand ist für einen Zustand verantwortlich, den er nicht – wenigstens mittelbar – veranlaßt hat. Er kann ihn veranlaßt haben durch seine Vertreter und andere, deren er sich zur Erfüllung seiner Verbindlichkeiten bedient hat (§ 278 BGB.). Diesen Erfüllungsgehilfen können auch Gegenstände gleichstehen, die sich in seinem Machtbereiche befinden. Auch der Tierhalter und der Fahrzeughalter veranlassen einen Zustand, insbesondere einen Schaden, den Tiere und Kraftwagen, die ihrer allgemeinen Verfügungsgewalt unterstehen, anrichten. Wollte man mit dieser Gefährdungshaftung Rechtsverhältnisse vergleichen, die den Geschlechtsverkehr betreffen, so würde die Haftung eines Vaters für die Schwängerung eines Mädchens durch seinen minderjährigen Sohn in Betracht kommen oder des Lehrherrn für die gleiche Handlung seines Lehrlings. Näher der Haftung mehrerer Beischläfer steht die Haftung von mehreren für eine gemeinschaftliche unerlaubte Handlung. Nach § 830 I, Satz 2 haften alle Beteiligten, wenn sich nicht ermitteln läßt, wer von mehreren Beteiligten den Schaden durch seine Handlung verursacht hat. Abgesehen davon, daß diese Beteiligten wenn auch nicht genau gleichzeitig so doch bei derselben Gelegenheit gehandelt haben müssen, so ist vor allem notwendig, daß jeder Beteiligte bei seinem Tun von der Beteiligung der anderen gewußt hat[60]).

55) Windscheid, Pandekten Bd. 2, § 475, Geiger S. 69, Klumker S. 188, Bosch aaO., S. 767.

56) Darstellung der Theorien bei Geiger S. 62 ff.

57) S. Bergmann: Österreich S. 19 Anm. 1, Tomforde 52: Norwegen S. 2, Schweden S. 4, Dänemark S. 2, Ungarn S. 1, Tomforde 35 S. 133, 186, Kipp S. 367.

58) Sächsisches BGB. § 872, Coburgisches Gesetz vom 28. 7. 1858, Bayrischer Kodex Maximilianus s. Geiger S. 231, Kipp S. 366. Kipp spricht von der „berüchtigten exceptio" – Fallmann will mit Billigung des DJT. 21, S. 164, die Haftung aller möglichen Väter, begründet sie aber mit der sozialen Verantwortung aller Beischläfer. Dieser Widerspruch erledigt m. E. die ganze Theorie.

59) Siehe Begründung des Entwurfes von 1925, Drucksachen d. Reichstages 1925 Nr. 108, vom 22. 5. 1925, S. 13–51.

60) Vgl. RGR.-Erläuterungsbuch (8. Auflage), Anm. 4 zu § 830, S. 655. Siehe auch Anm. 4 zu § 1717.

Das Reichsgericht hat deshalb auch die Verantwortlichkeit mehrerer Beischläfer für die Ansteckung eines Mädchens mit einer Geschlechtskrankheit, deren Urheber sich nicht feststellen ließ, verneint[61]). Eine gemeinsame Haftung mehrerer Beischläfer käme also höchstens dann in Betracht, wenn sie unmittelbar hintereinander und mit Wissen voneinander mit demselben Mädchen verkehrt haben.

Daß darüber, wer einen Zustand herbeigeführt hat, keine jeden, auch den geringsten Zweifel und jede andere Möglichkeit ausschließende Gewißheit besteht, ist keine Besonderheit der Beurteilung von Geschlechtsverkehr. Diese im täglichen Leben unbeträchtliche Unsicherheit besteht irgendwie gegenüber jedem Vorgange und jedem Zustande, der nach naturwissenschaftlichen Grundsätzen beurteilt werden muß. Sie tritt z. B. deutlich hervor bei der Prüfung der Schuldfrage anläßlich von Zusammenstößen von Fahrzeugen. Sie gilt überall, wo die Mitwirkung mehrerer Menschen oder eines Menschen bei einem physikalischen Vorgang in Betracht kommt. Daß die Überzeugung des Richters durch die Vermutung des § 1717 in gewissem Umfange ersetzt wird, hat zahlreiche Gegenstücke hinsichtlich der Schuldfrage in den §§ 1–3 des Reichshaftpflichtgesetzes vom 29. 4. 1940, den §§ 7–9 des Gesetzes über den Verkehr mit Kraftfahrzeugen vom 3. 5. 1909. Im Grunde hat solche Beweislastregelung nur das eine Ziel, im Rahmen des bürgerlichen Prozesses die Wahrheit zu ermitteln. Die Vermutung des § 1717 BGB. muß im Zusammenhange mit der Einrede des Mehrverkehrs gesehen werden. Grundlage ist die Lebenserfahrung, daß bei der Prüfung der Herkunft eines U's oder auch – in stärkerem Maße – des ehelichen Kindes alles für die Abstammung von dem einen bekannten Beischläfer der Mutter – bei dem ehelichen Kinde: von dem Manne der Mutter – spricht, wenn ein anderer Beischläfer nicht zu ermitteln ist. Denn der Ehemann ebenso wie der Geliebte, die Zweifel hegen, ob das Kind der Frau oder der Geliebten von ihnen erzeugt ist, bieten in der Regel alles auf, die Tatsachen festzustellen, die für die Herkunft des Kindes von Belang sind, um sich schließlich, der eine nur auf die Unmöglichkeit seiner Vaterschaft, der andere auf die Unmöglichkeit und außerdem auf den Verkehr der Geliebten auch mit anderen Männern zu berufen. Wie es auch in den Fällen der Haftung eines Fahrzeughalters wünschenswert ist, daß nur der Schuldige haftet, ist im Falle der Verantwortlichkeit für ein Kind anzustreben, daß der wirkliche Verursacher des Zustandes, also der Erzeuger des Kindes haftet, weil er mit dem Kinde blutsverwandt ist und infolgedessen nur er mit dem Kinde übereinstimmende Erbeigenschaften besitzt, und weil nur bei ihm wenn nicht auf Zuneigung zu dem Kinde so doch auf ein Gefühl der Verantwortung ihm gegenüber zu rechnen ist. Diesem Ziele dient heute die Zulassung der Einrede des Mehrverkehrs. Die Erkenntnis, daß dieses Ziel in vielen Fällen nicht erreicht wird, kann höchstens dazu führen, die Haftung von Beischläfern der Mutter zu beschränken, aber nicht dazu, alle Beischläfer haften zu lassen, obgleich nur einer die Empfängnis des Kindes verursacht haben kann. Die Haftung aller Beischläfer ist mit der Haftung einer ganzen Gruppe von Teilnehmern an einem Straßenverkehr zu vergleichen. Auf einer für den Fahrverkehr gesperrten aber trotz-

---

[61]) RGZ. 96, S. 224 ff.

dem von Fahrzeugen viel durchfahrenen Straße wird nachts ein Mann aufgefunden, der offensichtlich von einem Fahrzeuge überfahren ist. Es läßt sich feststellen, daß der Unfall sich zwischen 2 und 4 Uhr zugetragen hat. Sollen nun, weil sich das Fahrzeug, das den Schaden verursacht hat, nicht feststellen läßt, alle Fahrer haften, die zwischen 2 und 4 Uhr die Straße befahren haben?

Die Theorien, die eine Haftung aller Beischläfer oder jedes möglichen Erzeugers zu rechtfertigen versuchen, leiden unter einer Künstelei, die nur mit dem Wunsche ihrer Schöpfer entschuldigt werden kann, den Staat durch die Verpflichtung irgend eines Beischläfers und möglichst sogar mehrerer Beischläfer, von denen wenigstens einer zahlungsfähig sein wird, zu entlasten[62]). Eine Ausnahme kann auch nicht gelten für die Auffassung, die Pflicht, für das U. zu sorgen, sei eine Strafe für den außerehelichen Verkehr. Man mag diesen Verkehr für eine Sünde halten[63]). Aber nicht jede Sünde ist eine strafbare Handlung, sonst wäre auch jede Lüge eine solche. Die Strafe der Unterhaltspflicht würde auch nur sehr wenige Fälle von außerehelichem Beischlafe treffen, insbesondere niemals das Mädchen, für die die Haftung aller Beischläfer geradezu eine Belohnung wäre. Denn ihre Unterhaltspflicht wird durch die Haftung eines oder mehrerer Beischläfer beseitigt oder doch gemindert. Oder soll das Kind für sie eine Strafe sein? Dem Gedanken der Strafe würde auch die Ausschließung derjenigen Männer von der Unterhaltspflicht widersprechen, die nicht Erzeuger des Kindes sein können. Heute denkt wohl niemand mehr daran, in der Unterhaltspflicht eine — höchst ungerechte — Strafe zu sehen[64]). Die Begründung, daß „die Haftung aller Beischläfer" die tückischen Versuche ausschalte, die künftige Mutter zu einem Mehrverkehr zu überlisten, steht etwa dem Vorschlage eines Finanzministers gleich, an die Stelle der Einkommensteuer eine für alle gleiche Kopfsteuer einzuführen, damit nicht wohlhabende Leute dazu verleitet werden, den Steuerfiskus zu betrügen. Übrigens haften diejenigen, die sich verabredet haben, durch Hinterlist der „exceptio" eine Grundlage zu geben, der Mutter aus unerlaubter Handlung[65]). Sie kann dafür Ersatz verlangen, daß sie ihr Kind an Stelle eines Erzeugers unterhalten muß.

---

[62]) So z. B. neuerdings ausdrücklich Prof. Dr. Kurt Podleschka — Erlangen, „Zum Recht des unehelichen Kindes vom Standpunkte des Geburtshelfers" Jur. Rundsch. 1951, S. 8 ff. Er schätzt die Leistung des westdeutschen Bundes für vaterlose uneheliche Kinder auf jährlich 18 000 000.— DM. Nach Hedemann S. 455 unter 3 haben 35—40 % aller unehelichen Mütter mit mehreren Männern verkehrt.

[63]) Der evangelische Theologe und religiöse Dichter Albrecht Goes sieht in ihm offenbar unter besonderen Umständen keine Sünde. Siehe seine Novelle: „Unruhige Nacht", Friedrich-Wittich-Verlag Hamburg 1950. Lesenswert ist auch die Auffassung der der „Caritas" angehörenden Elisabeth Zillken aaO., S 99, die auch nicht im außerehelichen Verkehr selbst unter allen Umständen eine Sünde sieht und es ebenfalls ablehnt, ihn als strafbare Handlung anzusehen.

[64]) Brandis aaO., der sich für den Entwurf 1925 mit seiner Haftung der Gemeinschaft der unwahrscheinlichen Väter einsetzt, lehnt ebenfalls den Gedanken der Strafe ab — Löwenthal aaO., äußert sehr beachtenswerte Bedenken gegenüber Übertreibungen in der Ostzone. Er empfiehlt die Haftung des ersten Beischläfers während der Empfängniszeit.

[65]) OLG. München im „Recht" 1915 Nr. 524, Seufferts Archiv Bd. 70 Nr. 82, Geiger (S. 239) schlägt eine besondere Bestimmung in der Nachbarschaft des § 825 BGB. vor.

Es ist auch nicht häufig – häufig ist nur die Behauptung der unehelichen Mutter –, daß ein Mädchen sich wirklich über die Persönlichkeit desjenigen, der mit ihr verkehrt, täuscht.

Schließlich fragt es sich, ob das Ansehen des U. nicht darunter besonders leidet, daß es ein sogenanntes „Aktienkind" mit mehreren „Zahlvätern" ist. Ist es nicht besser für das U., wenn es keinen Vater hat? Mißlich ist auch die im Auslande vielfach eingeführte und auch für Deutschland vorgeschlagene Unterscheidung zwischen dem „Vater" mit engerer Bindung an das U. und stärkerer Verpflichtung zum Unterhalte und den Zahlvätern, die nur in beschränktem Maße zum Unterhalte beizusteuern brauchen. Da das Anerkenntnis die stärkere Stellung zur Folge hat, ist es denkbar, daß ein U. von einem vielleicht frühzeitig arglos anerkennenden „Vater" und außerdem einigen Zahlvätern versorgt wird[66].

M. E. ist es eines Rechtsstaates unwürdig, entgegen jeder Gerechtigkeit alle Beischläfer, von denen der eine oder der andere der Erzeuger des U. sein kann, für die Unterhaltung des U. in Anspruch zu nehmen[67]. Die Beschränkung der Haftung für den Unterhalt des U. auf den ermittelten Erzeuger bedeutet allerdings, daß Staat und Gemeinden weiterhin erhebliche Mittel für alle diejenigen U. aufbringen müssen, deren Erzeuger nicht feststellbar sind oder deren Erzeuger nicht ausreichende Unterhaltsbeiträge bezahlen. Diese Aufwendungen sind durchaus erträglich und sollten sogar nach Möglichkeit erhöht werden, weil alle Mittel, die dem U. zugewendet werden, gute Früchte für das allgemeine Wesen tragen. Schon Pestalozzi hat 1783 darauf hingewiesen, daß die Unerzogenheit der U. den einzigen Schaden darstelle, den die U's dem Staate brächten. Ihre rechte Erziehung würde ein Gewinn für die Menschheit sein[68]. Zu einer guten Erziehung gehört aber gute Ernährung, gute Kleidung und eine gute Berufsausbildung. Ein U., dem diese Wohltaten erwiesen werden, kommt gut im Leben vorwärts und bleibt nicht „ungelernter" Arbeiter wie heute die meisten von ihnen. Er kann dann früher heiraten, das beste Mittel zur Einschränkung der Geburt unehelicher Kinder[69]. Erfolge im Leben nehmen ihm die Gefühle der Minderwertigkeit. Er wird ein glücklicher und dadurch ein guter Bürger, ein dem Staate nützlicher Mensch[70].

In manchen Ländern, vor allem in solchen, die die Einrede des Mehrverkehrs nicht zulassen, gibt es eine Einrede der Liederlichkeit[71]. Sie soll

---

[66] Über die Doppelvaterschaft s. Geiger S. 153 ff. – Der DJT. 21 (S. 166/167). wollte den mißlichen Verkehr des Kindes mit den Zahlvätern dadurch ausschalten, daß die Fürsorgebehörde unter allen Umständen den Unterhalt zahlt und ihn von den Zahlvätern beitreibt.

[67] Die evangelische Kirche bezeichnet es „als vom sittlichen Standpunkte aus untragbar, daß die öffentliche Hand ein Interesse an dem Vorhandensein möglichst vieler Beihälter hat und sich aus dem Unsittlichen Einnahmen verschafft."

[68] Schröder S. 1.

[69] Siehe Schröder S. 4.

[70] Ebenso Schröder S. 27 und Geiger S. 27 – Für die Erhaltung der Einrede des Mehrverkehrs: Dr. Eduard v. Liszt „Die Pflichten des außerehelichen Konkumbenten", Wien und Leipzig 1907, S. 52–64 und Geiger S. 234.

[71] Tomforde 35 S. 53, 192, Tomforde 52: Belgien S. 2, Schweiz S. 8, Ungarn S. 3 und Geiger S. 242 f. Preußen hatte sie in einem Gesetze vom 24. 4. 1854 eingeführt mit einer so weiten Fassung des Begriffes der Liederlichkeit, daß damit die Einrede des Mehrverkehrs eingeführt wurde. (§§ 9 u. 13 Abs. 1.)

dem Gerichte uferlose Ermittelungen bei dem Kinde einer Dirne ersparen, aber wahrscheinlich auch – besonders in den romanischen Ländern – die Unverbindlichkeit des Verkehrs mit Dirnen sichern. Auch der festgestellte Erzeuger ist dann von jeder Pflicht gegenüber dem U. frei. Die Zulassung dieser Einrede durchbricht also den Grundsatz der Haftung desjenigen, von dem das Kind abstammt, und berücksichtigt das Schicksal solcher besonders schutzbedürftiger, an dem Lebenswandel ihrer Mutter unschuldigen Kinder ebensowenig, wie in manchen Ländern die im Ehebruch oder in Blutschande erzeugten unglücklichen Kinder nicht anerkannt werden können und infolgedessen höhere Ansprüche gegen ihre Erzeuger nicht erlangen dürfen[72]. Dazu kommt die große Schwierigkeit einer Feststellung des Begriffes eines liederlichen Lebenswandels[73]. Eine solche Vorschrift würde auch eine sehr geringe Bedeutung haben, wenn sie nur solche Mütter betrifft, die gewerbs- oder gewohnheitsmäßig der Unzucht nachgehen. Sie pflegen keine Kinder zu gebären.

Eine Vorschrift dieser Art halte ich daher für unangebracht und überflüssig.

Später werde ich darzulegen versuchen, daß die Ermittlung des Erzeugers von Amts wegen im Verfahren der freiwilligen Gerichtsbarkeit angebracht ist. In einem solchen Verfahren ist für Einreden und Einwendungen kein Platz. Der § 1717 BGB. ist dementsprechend umzugestalten. Es haftet für die Bedürfnisse des Kindes der einzige, der mit der Mutter in der EZ. verkehrt hat, aber auch derjenige von mehreren Beischläfern, der allein der Erzeuger des U. sein kann. M. E. genügt diese Neugestaltung der Bestimmung. Ergibt sich, daß der angeblich einzige Beischläfer der Erzeuger nicht sein kann (weil er zeugungsunfähig war, weil die Mutter schon vorher schwanger war, weil sein Blut einer anderen Gruppe angehört oder weil er mit dem U. keine gemeinsamen Erbmerkmale hat), so muß die Mutter noch mit einem unermittelten anderen Manne verkehrt haben. Dann ist eben der nichterzeugende Beischläfer nicht der einzige Beischläfer.

2. Ein Ehemann, dessen Frau während der Ehe ein Kind geboren hat und der in der Empfängniszeit mit seiner Frau Geschlechtsverkehr gehabt hat, kann die Ehelichkeit seines Kindes nicht mit der Einrede des Mehrverkehrs seiner Frau anfechten (§§ 1592, 1593 BGB.). Diese Vorschrift findet eine Rechtfertigung in der engen Verbindung, in der Eheleute in der Regel leben. Man könnte daran denken, eine gleiche Beschränkung demjenigen Manne aufzuerlegen, der in der Empfängniszeit mit der Mutter des U. wie ein Ehemann zusammen gelebt hat. Eine derartige Annäherung der Stellung des U. an diejenige des E. halte ich um der Bedeutung der Ehe willen für unangebracht. Nur die Ehe ist untrennbar von dem Begriff der Gattentreue. Deshalb verdient nur dasjenige Menschenpaar öffentliches Vertrauen, das als Ehepaar zusammen lebt. Das Kind soll durch die Ehe vor der Unehelichkeit nach Möglichkeit geschützt werden.

---

[72]) Tomforde 35: S. 17, 52, 86, 194 (Frankreich, Italien, Brasilien): Bergmann: Italien S. 23.

[73]) Ebenso Geiger S. 242.

3. Wie allgemein anerkannt wird, ist es nicht gerechtfertigt, daß dann, wenn der die Empfängnis verursachende Beischlaf vor dem Beginne der im § 1592 I BGB. beschriebenen Empfängniszeit liegt, zugunsten des ehelichen Kindes der Beginn der Empfängniszeit entsprechend vorverlegt wird — nicht aber zugunsten des U., dessen Mutter in diesen Tagen vor dem Beginne der Empfängniszeit des § 1717 und zwar nur in dieser Zeit, also vor dem 302. Tage vor der Geburt mit demjenigen verkehrt hat, den sie als Vater bezeichnet[74]). Eine Anpassung des § 1717 II[75]) an den § 1592 II ist um so notwendiger, als nach den Erfahrungen der Wissenschaft in den beiden Weltkriegen mit den vielfach kurzen Zeitspannen des Zusammenlebens von Eheleuten die Schwangerschaft nicht selten 302 Tage überdauert oder doch zu überdauern scheint, weil manchmal zwischen dem zeugenden Beischlaf und der Empfängnis ein Zwischenraum liegt, der bis zu 4 Wochen betragen kann[76]). Es geht nicht an, daß der einzige Beischläfer der Mutter u. U. keine Verpflichtungen gegenüber seinem Kinde hat, wenn die Empfängniszeit übermäßig lang gewesen ist.

4. Daran ist also m. E. nichts zu ändern, daß nur derjenige Beischläfer der Mutter in rechtlichen Beziehungen zu dem U. steht, der mit höchster Wahrscheinlichkeit, insbesondere auf Grund biologischer Untersuchungen (Vaterschaftsausschluß aller anderen Beischläfer oder Feststellung der Vaterschaft auf Grund der Übereinstimmung von Erbmerkmalen) bestimmt der Erzeuger des U. ist[77]). Unrichtig kann allerdings das Ergebnis dann sein, wenn die Mutter durch das Leugnen oder auch nur das Verschweigen eines Verkehrs mit einem anderen Manne einen vertrauensvollen Beischläfer zu einem Anerkenntnis veranlaßt. M. E. ist das Bestreben, mit allen Mitteln den wirklichen Erzeuger festzustellen, nicht nur für den arglos Anerkennenden wichtig; es ist Aufgabe des Rechtsstaates, in jedem Falle den Betrügern zu wehren und die Wahrheit zu fordern. Abgesehen davon kann eine der Gleichstellung in besonderem Maße dienende Begründung von Verpflichtungen nicht wirtschaftlicher, sondern menschlicher Art zwischen dem Erzeuger und dem U. durch Gesetz nur damit gerechtfertigt werden, daß der als Erzeuger Bezeichnete, soweit menschliche Erkenntnis reicht, auch wirklich der Erzeuger ist. Irgendein menschliches Verhältnis ist ausgeschlossen, wenn auf Grund häufig später hervortretender Umstände der Anerkennende oder das Kind Zweifel an ihrer blutmäßigen Zusammengehörigkeit haben müssen. Hinter diesen Gesichtspunkten muß der Zweck des § 1718 zurücktreten, meistens überflüssige Nachforschungen nach der sittlichen Haltung der Mutter auszuschalten und hinsichtlich der Verantwortlichkeit für die Erzeugung des Kindes schnell ein endgültiges Ergebnis zu erzielen. M. E. muß daher der § 1718 fallen. Das Anerkenntnis — mag man es als eine rechtsbegründende Verfügung[78]) oder nur als einen Verzicht auf die Einrede des Mehrverkehrs ansehen — geht immer über das

[74]) Siehe Geiger S. 172.
[75]) Zugleich auch des § 1720/I BGB.
[76]) Siehe RGR.Erl.Buch, Anm. 2 zu § 1592/II.
[77]) Bedenken gegen erbbiologische Gutachten äußert Hedemann S. 455. Über ein neues Verfahren zur Feststellung der Vaterschaft, den Löns-Test, NJW. 1953 S. 1902 f.
[78]) So RGR.Erl.Buch Anm. 1 zu § 1718 BGB.

Zugestehen von Tatsachen hinaus. Es enthält immer nicht nur das Zugeständnis des Beischlafes mit der Mutter in der Empfängniszeit sondern den Ausdruck der Überzeugung und nicht des Wissens, daß andere Männer mit der Mutter nicht verkehrt haben, oder daß der Verkehr mit anderen Männern keine Zeugung bewirkt hat. Ein Anerkenntnis muß also wegfallen. Kann aber derjenige, der der Erzeuger zu sein glaubt, nur zugeben, daß er mit der Mutter in der Empfängniszeit verkehrt hat und daß er von Umständen, die seine Erzeugerschaft ausschließen, nichts weiß, so kommt eine Anfechtung seines Geständnisses, weil sich herausgestellt habe, die Mutter habe mit mehreren Männern verkehrt, nicht in Frage. Es bedarf dann allerdings in jedem Falle einer Entscheidung darüber, wer Erzeuger ist (und nicht nur zu gelten hat). Über eine Änderung der Verfahrensvorschriften ist unten zu sprechen.

III. Die Hebung der Stellung desjenigen Unehelichen, dessen Erzeuger festgestellt ist.

1. Eine starke Angleichung des U. an die Stellung des E. würde durch die Beseitigung des § 1589II BGB. geschaffen werden, auf Grund dessen ein U. und dessen Erzeuger nicht als verwandt gelten. Daß sie verwandt sind, ergibt § 1589I Satz 1 und der § 4 des Ehegesetzes (Verbot der Ehe zwischen Verwandten, „gleichgültig, ob die Verwandtschaft auf ehelicher oder unehelicher Geburt beruht"), ferner § 173 des StGB. und anderer Vorschriften mehr. Nur für das Familienrecht gilt die Verwandtschaft nicht, weil für ihre Begründung zwischen dem Erzeuger und dem U. die notwendigen moralischen Grundlagen fehlen sollen, die nur durch die Familie gewährleistet würden. Auch habe die uneheliche Vaterschaft immer etwas unsicheres; der uneheliche Erzeuger wisse oft nichts von seinem Kinde. Die Verstärkung der Verantwortung des Erzeugers fördere das Konkubinat[79]). Die Heiligkeit der Ehe werde verletzt[80]). Geiger ist dieser Auffassung zum Teil mit guten Gründen entgegengetreten. Er[81]), Kipp[82]) und Schröder[83]) setzen sich lebhaft für die Beseitigung der Vorschrift ein. Auch die Denkschrift der evangelischen Kirche[84]) spricht sich hierfür aus. Es mag hier genügen, darauf hinzuweisen, daß dann, wenn in jedem Falle die Abstammung des U. mit aller Sorgfalt, also auch mit allen Mitteln der Erbforschung festgestellt wird, die Sicherheit der Herkunft des U. wohl kaum geringer sein wird als diejenige des E., dessen Abstammung selbst dann nicht geprüft wird, wenn Bedenken des Mannes seiner Mutter gerechtfertigt sind[85]). Es genügt die Prüfung, ob die Verwandtschaft des U. mit

---

79) Dagegen mit Recht der Berichterstatter Fallmann auf dem DJT. 21, S. 155.

80) Motive zum BGB. S. 851. – Ähnlich Dr. Emmi Diemer aaO. Dagegen auch DJT. 21, S. 154, 158, 185.

81) S. 24–30 u. 37, s. auch Hedemann S. 454 unter 2.

82) S. 364.

83) S. 70.

84) S. 307.

85) Siehe Dr. Harrasser-München, „Der anthropologisch-erbbiologische Vaterschaftsnachweis als gerichtliches Beweismittel" in NJW. 1950, S. 561 ff.

seinem Erzeuger die Heiligkeit der Ehe mindern würde. Die Folge der Anerkennung der Verwandtschaft von Gesetzes wegen auch für das Familienrecht würde sein, daß die Verwandtschaft des U. mit den Verwandten seines Erzeugers wirksam wird, daß für ihn – falls die §§ 1708–1711 nicht entgegenstehen würden – ohne weiteres dieselben Unterhaltsansprüche wie für die ehelichen Kinder (§ 1601 ff.) bestehen, also auch gegenüber Verwandten des Erzeugers; daß er Abkömmling und damit Erbe nach seinem Erzeuger und u. U. nach dessen Verwandten ebenso wie ein E. werden würde.

Die Ehe besteht in der grundsätzlich nur durch den Tod lösbaren Gemeinschaft eines Menschenpaares, das in dieser Gemeinschaft die gemeinsamen Kinder bis zu deren Selbständigkeit mit allen Kräften pflegt und erzieht. Ein schwacher Abglanz dieses Inhaltes der Ehe sind die §§ 1353 und 1603 II BGB. Die Anerkennung der Verwandtschaft begründet nicht die Pflicht, den U. in die Familie aufzunehmen und gemeinsam mit den ehelichen Kindern zu erziehen. Ebensowenig begründet die Verwandtschaft die Pflicht des unverheirateten Erzeugers, mit dem U. und dessen Mutter zusammen zu leben. Sie fördert auch nicht den Wunsch nach einem solchen Zusammenleben. Eine Störung des Ehefriedens und darüber hinaus eine Benachteiligung der Frau des Erzeugers und der ehelichen Kinder kann es allerdings bedeuten, wenn der U. dieselben Unterhaltsansprüche wie der E. erheben und in gleichem Umfange Erbe des Erzeugers wie dessen eheliche Kinder werden würde. Das durch die Verwandtschaft ebenfalls begründete Erbrecht des Erzeugers (§ 1925 BGB.) gegenüber seinem U. kann u. U. eine schwere Benachteiligung von dessen Angehörigen herbeiführen. Die kinderlose Witwe des U. müßte den Nachlaß ihres Mannes mit dessen Erzeuger teilen (§ 1931 BGB.)[86]. Die Rechte des mit seinem Erzeuger verwandten U. müssen deshalb m. E. im Verhältnisse zu dessen ehelichen Kindern und zu dessen Frau beschnitten werden. Dann ist aber die Streichung des § 1589 ^{II} nur von begrenzter Bedeutung. Die Stellung des U. hängt nicht von der Zubilligung einer Eigenschaft ab, deren Name Wärme atmet, die aber für den draußenstehenden U. doch recht kühler Natur, nämlich ein wirtschaftlicher Vorteil ist. Denkbar ist, daß ein Erzeuger von anständiger Gesinnung den U. in sein Haus lädt und versucht, ihn zum Freunde seiner ehelichen Kinder zu machen, damit sie dessen Beteiligung an seinem Nachlasse weniger schmerzlich empfinden. Deshalb halte ich es für richtig, wenn die häßliche Ablehnung jeder Familienzugehörigkeit und damit jeder Pflicht des Erzeugers, den ihm blutsverwandten U. auch nur mit etwas Wohlwollen gegenüberzutreten, aus dem Gesetze entfernt wird. Es könnte sonst ein Erzeuger mit ihr unschönes Verhalten gegenüber seinem Kinde zu rechtfertigen versuchen. Außerdem kann dann das Gesetz äußerlich durch die Verschweißung der Bestimmungen für das E. mit denjenigen für das U. die Annäherung der Stellung des U. an dasjenige des E. besonders verdeutlichen.

Über die notwendigen Folgen einer Verwandtschaft hinaus infolge einer wirklichen Vaterschaft des Erzeugers würden die in anderen Ländern[87])

---

[86]) Siehe die Beispiele Rademachers in der NJ. 1950, S. 80 R.

[87]) Nach Hedemann S. 455 unter 4 ist in der DDR. die Frage, ob das uneheliche Kind den Namen des Erzeugers führen soll, noch nicht entschieden.

eingeführten und auch bei uns empfohlenen Einrichtungen sein, daß der U. wie der E. gemäß § 1616 BGB. den Familiennamen des Vaters erhält, und daß der Erzeuger das Recht und die Pflicht hat, menschliche Beziehungen zu seinem Kinde aufzunehmen, schließlich sogar die Erziehung und Ernährung des Kindes in jeder Hinsicht zu leiten, also Inhaber der (elterlichen) Gewalt über das Kind zu werden[88]).

Es erhebt sich die Frage, ob eine durch Gesetz erzwungene Angleichung der Stellung des U. an die des E. wirklich der Verbesserung der Lage des U. dient[89]). Das Ausland macht diese Angleichung abhängig von der Anerkennung der Vaterschaft, die damit über ein Zugeständnis des Beischlafes in der Empfängniszeit und der Ausschließlichkeit des Geschlechtsverkehrs der Mutter mit dem Anerkennenden und über einen Verzicht auf die Einrede des Mehrverkehrs weit hinausgeht und die Erklärung enthält: Ich will das von mir erzeugte Kind soweit wie möglich einem ehelichen gleichstellen. Auch bei uns würde ein Anerkenntnis nur noch von solchen Erzeugern abgegeben werden, die diesen Willen haben. Es würde sich hauptsächlich um U.'s handeln, deren Erzeuger und dessen Mutter einander heiraten würden, wenn nicht der eine oder andere oder sogar beide bereits verheiratet wären. Das Gesetz kann keinen, auch den ehelichen Vater nicht, zwingen, ein liebevoller Vater zu sein, das Kind zu besuchen oder sogar in sein Haus aufzunehmen. Der Erzeuger würde das U. doch der Mutter oder einer dritten Stelle übergeben, damit sie für Leib, Seele und Erziehung des Kindes sorge. Die Stellung und das Ansehen des Kindes wird auch nicht dadurch gehoben, daß der Erzeuger der Träger der Gewalt über das Kind ist. Die Übertragung der Gewalt auf den Erzeuger ist auch nur angebracht und zweckmäßig, wenn der Erzeuger alle Pflichten eines (ehelichen) Vaters gegenüber dem U. übernimmt[90]).

Es kommt nicht selten vor, daß ein Erzeuger sein U. zu sich nimmt, weil er – verheiratet oder in Hausgemeinschaft mit seiner Mutter – dann weniger Mittel für das Kind aufbringen muß, als wenn er den Unterhalt in bar leistet. Die Übernahme der Versorgung ist also kein Ausdruck seiner Liebe oder auch nur seines Pflichtgefühles gegenüber dem Kinde. Infolgedessen ist es sehr zweifelhaft, ob diese Art der Vorsorgung für das Kind und dessen Entwicklung zuträglich ist. Es besteht vor allem die Gefahr, daß Frau oder Mutter des Erzeugers dem Kinde die dürftigste Pflege widmet und es vielleicht vor ehelichen Kindern des Erzeugers zurücksetzt[91]). Eine solche Gefahr besteht bei einer Versorgung durch die Mutter nicht annähernd in gleichem Umfange. Die Liebe der Mutter zu ihrem Kinde ist eine ganz andere als diejenige des Erzeugers. Sie wird selbst

---

88) Siehe Geiger S. 147 ff., Schröder S. 70, Gertrud Bäumer S. 231.

89) Siehe Geiger S. 62/63 – Elisabeth Zillken S. 45/46 spricht sich lebhaft gegen eine Verstärkung der Beziehungen des U. zum Erzeuger aus, weil das U. dadurch zwischen Mutter und Erzeuger hin- und hergerissen werde. Kein Erzeuger empfinde außerdem sein U. als sein eigenes Kind. Sie stellt aber fest, daß in einem bestimmten Bezirke 15 % der Erzeuger ein wirkliches Interesse für ihr Kind zeigen.

90) Beschränkung auf freiwillige Übernahme dieser Pflichten empfiehlt auch Geiger S. 44 ff.

91) Hierzu Fallmann, DJT, 21, S. 170.

dann für ihr uneheliches Kind eintreten, wenn etwa ihr Mann und eheliche Kinder die Zurücksetzung des unehelichen Kindes versuchen. Die Versorgung des U. durch den Vater und — falls sie voraussichtlich eine endgültige sein wird — die Übertragung der Gewalt auf den Vater muß daher von einem Antrage des Erzeugers, von der Genehmigung des Vormundschaftsgerichtes und der Zustimmung der Mutter abhängig sein[92].

2. Die Verleihung des Familiennamens des Erzeugers an das U. ist m. E. nicht abzulehnen, weil sie vielleicht für den Erzeuger und dessen Angehörige peinlich ist. Der Vater soll sich vor seinen Angehörigen und vor der Welt zu seinem Kinde bekennen[93]. Auch die Bedeutung der Ehe wird m. E. nicht davon berührt, daß ein nicht in der Ehegemeinschaft aufwachsendes Kind den Namen des Familienvaters trägt. Die Übereinstimmung des Namens des U. mit dem Namen des Vaters, von dessen Frau und dessen Kindern ist vielmehr häufig geeignet, eine gewisse Zugehörigkeit zu der Familie des Erzeugers hervorzurufen, mindestens die Kenntnis der Familienangehörigen von dem Dasein des U. und dessen Beteiligung am Nachlasse seines Erzeugers zu fördern. Für den unverheirateten Erzeuger verschlechtert diese Regelung m. E. nur unbeträchtlich die Heiratsaussichten[94]. Die eigentliche Erschwerung der Ehe sind die Pflichten des Erzeugers gegenüber dem U., insbesondere die Unterhaltspflicht. Andererseits kommt es dem U. zugute, wenn eine Frau des Erzeugers in voller Erkenntnis der Bindung ihres Mannes an ein U. vor einer Ehe mit ihm nicht zurückgeschreckt ist, also großherzig über den Nachteil seines Vorhandenseins hinwegsieht. Eine solche Frau wird viel eher geneigt sein, menschliche Beziehungen ihres Mannes zu seinem U. zu dulden oder gar selbst aufzunehmen. Das Bewußtsein, daß seine Umwelt von seiner Zugehörigkeit zu dem U. unterrichtet ist, wird nicht selten Anlaß für den Erzeuger sein, über das gesetzliche Maß hinaus für sein Kind zu sorgen, ihm Geschenke zuzuwenden und es gelegentlich zu sich zu bitten. Oder seine gutherzige Frau oder ein anständig gesinntes eheliches Kind werden sich ab und an um das U. kümmern. Es besteht allerdings durchaus die Möglichkeit, daß die Mutter des U. nicht mit der Beleihung ihres Kindes mit dem Namen des Erzeugers einverstanden ist, weil er sie gewissenlos im Stiche gelassen hat, weil er seine Unterhaltspflicht verletzt hat oder aus anderen beachtenswerten Gründen. Auch das Kind selbst wird oft den Wunsch haben, den Namen seiner Mutter, die es treu versorgt und erzogen hat, zu führen. Allerdings tritt auch die Unehelichkeit des U. stark hervor, wenn es einen anderen Namen hat als die es versorgende Mutter. Aber die Öffentlichkeit dieser Tatsache halte ich gerade für ein Mittel der Stärkung des Ansehens des U. Allmählich wird es hervortreten, wie viele tüchtige und begabte Menschen unter den U.'s sind. Übrigens ergibt der andere Name des U., daß dessen Erzeuger festgestellt ist, daß also seine

---

[92] Nach Geiger (S. 50) ist es in Schweden und Norwegen sehr selten, daß dem Erzeuger die Gewalt über das Kind übertragen wird. In Deutschland würde es wohl nicht anders sein.

[93] Geiger (S. 29) meint nicht mit Unrecht, daß die Schonung des Erzeugers Ehen verhindert.

[94] Auch Geiger hält die Verschlechterung für überwindbar (S. 42).

Mutter wahrscheinlich sich nicht mehreren Männern hingegeben hat. Der andere Name hebt mittelbar das Ansehen der Mutter. Ich halte es daher für so wichtig, daß das U. mit bekanntem Vater dessen Namen erhält, daß alle anderen Bedenken zurücktreten müssen[95]). Ich würde den Mittelweg vorschlagen, daß das U. einen aus dem Namen beider Eltern zusammengesetzten Doppelnamen führt, wenn ich ihn nicht für schwer gangbar hielte. Es gibt bereits viele Doppelnamen. Sie können nicht Dreifachnamen werden. Dieselbe Schwierigkeit würde in Zukunft für jedes U. eines U., wenn bei beiden die Erzeuger feststehen, auftauchen. Man könnte bestimmen, daß der Träger eines Doppelnamens angeben muß, welcher seiner beiden Namen auf sein U. übergeht. Ein Doppelname ist aber infolge der Persönlichkeit des Namensträgers im allgemeinen ein so fest geschmiedeter einheitlicher Begriff, daß seine Hälfte ein anderer Name ist. Übrigens eignen sich viele Namen überhaupt nicht zur Verkuppelung mit einem zweiten Namen.

Unerwünscht ist es auch, daß der Name des U. mehr als unvermeidlich wechselt[96]). Aber der Wechsel läßt sich nicht vermeiden wie er auch schon jetzt gemäß den §§ 1706 II, 1719 oder 1723 BGB. eintritt. Wie später darzulegen ist, geht mein Vorschlag dahin, möglichst schon vor der Geburt des U. den Erzeuger festzustellen. U. U. erhält das U. also sofort nach der Geburt den Namen des Erzeugers. Andernfalls muß es bis zum Abschluß dieses Verfahrens den Namen der Mutter führen und selbstverständlich auch dann, wenn sein Erzeuger nicht feststellbar ist. Das den Namen des Vaters führende Kind mag zwischen der Vollendung des 18. und des 20. Lebensjahres das Recht haben, den Namen der Mutter anzunehmen. Das U. wird oft den Wunsch haben nach diesem Namen, wenn die Mutter es erzogen und der Erzeuger sich nicht um es gekümmert hat[97]).

Heiratet die Mutter und will ihr Mann dem U. seinen Familiennamen geben, so darf diese Umbenennung nur mit Zustimmung des Erzeugers erfolgen. Da die Mutter die Gewalt über das U. hat, hat dessen Zustimmung nur Sinn, wenn es eine gewisse Reife erlangt hat, die es zu eigener Entscheidung befähigt. Die Zustimmung des U. ist daher m. E. nur angebracht, wenn es das 14. Lebensjahr vollendet hat. Der Name des Erzeugers

---

[95]) Der JT. 21, S. 158 unter III, 169 will dem Erzeuger nur das Recht geben, seinen Namen auf das U. zu übertragen.

[96]) Deshalb ist es auch unangebracht, daß – wie Geiger S. 63 erörtert – das U. den Namenswechsel der Mutter, abgesehen von demjenigen des § 1706/II S. 2 mitmacht, insbesondere dann, wenn die Mutter eine 2. Ehe eingeht. Dadurch wird die Stellung des U. nicht verbessert. Ebenso DJT. 21, S. 173 u. 181 (Geh.-Rat Pappenheim). – Dörner aaO. schlägt vor, daß das Vormundschaftsgericht dem U. den Namen des Erzeugers gibt, wenn es zum Besten des Kindes ist.

[97]) Die Motive (S. 859) waren gegen die Annahme des Namens des Erzeugers, weil sie der familienrechtlichen Stellung des U. widerspreche. – Der Entwurf von 1925 will dem U. den Namen des Erzeugers nur mit dessen Zustimmung zubilligen (s. auch Kipp S. 360). Geigers Haltung gegenüber dieser Frage (S. 62/63) ist unsicher. Er hält es für das Beste, wenn das U. den Namen dessen erhält, der es versorgt. Graf, Richter der Ostzone, ist gegen die Verleihung des Namens des Erzeugers. Dr. Rademacher, ein anderer Ostrichter, hat Bedenken. Schröder (S. 70) ist entsprechend der Regelung in Norwegen und in der Schweiz für den Namen des Erzeugers, wenn er anerkannt und dadurch zugestimmt hat. – Das hier vorgeschlagene Namenswahlrecht des erwachsenen U. kennt das dänische Recht im § 2 des Ges. v. 1937 – s. Tomforde 52: Dänemark.

ist eine Brücke zum U., die gelegentlich dem Erzeuger oder dem U. wertvoll ist[98]).

3. Dem Erzeuger, der das U. nicht versorgt, muß m. E. das Recht zum Verkehr mit dem U. in demselben Umfange wie dem ehelichen Vater nach der Scheidung seiner Ehe zustehen[99]). Dieser Verkehr ist sogar zu begünstigen, weil die Pflege menschlicher Beziehungen das Ansehen des U. hebt und sich oft zu besonderen Leistungen des Erzeugers für das Kind erweitern wird. Ich würde auch nicht – wie es vorgeschlagen ist – dieses Recht auf Umgang von der pünktlichen Zahlung der Unterhaltsgelder abhängig machen. Warum soll einem Arbeitslosen oder sonst mit oder ohne seine Schuld zahlungsunfähigen Erzeuger jedes Recht zum Umgange verwehrt werden. Dann allerdings, wenn der Erzeuger böswillig dem U. seine Hilfe verweigert, oder sein Zusammensein mit dem Kinde mißbraucht, muß das Vormundschaftsgericht die Regelung des Verkehrs ablehnen oder so gestalten können, daß Schäden ausgeschlossen sind.

IV. Die Unterhaltung des U.

1. Nach dem BGB. hat nur der Erzeuger – wenn er dazu imstande ist – den Unterhalt des U. zu bestreiten (§ 1709 BGB.), weil „im sozialen wie im Rechtsleben der Mann vor dem Weibe stehe und zunächst dazu berufen sei, dasjenige zu verdienen und zu beschaffen, was not tut"[100]). Es ist auch darauf hingewiesen worden, der Mann trage in viel stärkerem Maße als die Frau die Verantwortung dafür, daß es zum Geschlechtsverkehr gekommen sei. Die Stellung der Frau gegenüber dem Manne hat sich in den letzten 50 Jahren grundlegend geändert. Neigung und Not haben die Frauen fast so sehr zu Berufsmenschen gemacht wie den Mann. Daraus ergibt sich eine viel größere Selbständigkeit und Selbstverantwortlichkeit der Frau und Mutter. Es ist auch nicht richtig, daß der Mann eine größere Verantwortung für den außerehelichen Geschlechtsverkehr trage wie die daran beteiligte Frau. Die Folgen des Verkehrs, über die heute jedes Mädchen wohl unterrichtet ist, sind für das Weib viel schwerwiegender als den Mann. Diese Bedenken schiebt sie bewußt beiseite, wenn sie in den Geschlechtsverkehr willigt. Sie ist heute auch nicht mehr die Überredete oder gar Überlistete[101]). Von ausschlaggebender Bedeutung ist aber der von der Weimarer Verfassung (Artikel 109) und dem BGG. (Art. 3) ausgesprochene rechtsverbindliche Grundsatz der Gleichberechtigung von Mann und Frau, der sich in diesem wie in manchem anderen Falle zu Lasten der Frau, nämlich der unehelichen Mutter, aus-

---

[98]) Auffällig ist die schlechte Erfahrung, die Elisabeth Zillken (S. 45) mit der Pflege und Erziehung von U's. gemacht hat, die in der Familie des Mannes, der ihre Mutter geheiratet hat, aufwachsen. Dort sei das Kind am meisten gefährdet. § 25 Abs. 3 JWG. geht offenbar von entgegengesetzten Erfahrungen aus.

[99]) Siehe Kipp S. 390.

[100]) Motive zum BGB., S. 882.

[101]) Siehe die m. E. im wesentlichen zutreffenden Ausführungen Geigers S. 81/82 und dessen Wiedergabe einer Äußerung v. Listzs: „Die Frau ist so lange psychisch aggressiv, bis der Mann physisch aggressiv wird."

wirkt. Es ist Gebot der Gerechtigkeit, daß die Mutter neben dem Manne haftet. Warum soll z. B. die Mutter dann, wenn das Kind nicht von der Mutter sondern von einer Pflegemutter versorgt wird, frei von allen Pflichten gegenüber ihrem Kinde sein, so lange der Erzeuger in der Lage ist, ausreichend für den Lebensunterhalt des U. zu sorgen? Warum soll sie dann, wenn sie aus einem Berufe Einkommen hat, nicht die Pflicht zum Beitrage aus ihrem Einkommen für den Unterhalt ihres Kindes haben? Die Mutter muß also ihrer Leistungsfähigkeit entsprechend Mittel für ihr Kind aufbringen. Grundsätzlich müssen Erzeuger und Mutter in gleichem Umfange an der Unterhaltspflicht beteiligt sein[102]). Zu solcher Beteiligung gehört aber auch die Mühe der Versorgung und Erziehung des Kindes, der sich sehr häufig die Mutter, ganz selten der Erzeuger, unterzieht. Es ist m. E. angebracht, eine Minderung der Barleistungen in einem bestimmten Bruchteil auszudrücken, um immer wiederholte und womöglich bei vielen Gerichten zu verschiedenen Ergebnissen führende Entscheidungen hierüber zu vermeiden. Wer das U. versorgt, hat nur 1/3 der Unterhaltskosten, der Nichtversorger 2/3 dieser Kosten zu tragen[103]).

2. Diese Sicherung des U. durch die Verpflichtung beider Eltern nebeneinander rechtfertigt aber auch, eine gesetzliche Bevorzugung des U. gegenüber dem E. zu beseitigen, die darin besteht, daß der Vater des E. sich gemäß § 1603 BGB. mit Erfolg darauf berufen kann, er sei im Hinblick auf sonstige Verpflichtungen zur Gewährung des vollen Unterhaltes nicht in der Lage. Er kann dann seine, ihm zur Verfügung stehenden Mittel gleichmäßig auf seine ehelichen Kinder so verteilen, daß jedem Kinde nur ein Teil des eigentlichen Unterhaltsanspruches zufällt. Dieses Recht zur Verteilung seiner unzulänglichen Mittel hat der Erzeuger gegenüber seinem unehelichen Kinde nicht. Er muß auf Kosten seiner ehelichen Kinder an das U. unter allen Umständen den ganzen Unterhaltsbetrag abführen. Nach den Motiven[104]) ist diese Bevorzugung des unehelichen Kindes darauf zurückzuführen, daß der Gesetzgeber einen Ausfall der Leistungen für den U. in vielen Fällen befürchtete. Solche fiskalischen Erwägungen dürfen heute keinen Einfluß mehr haben. Diese Ungerechtigkeit will auch der Entwurf von 1925 (§ 1708b) beseitigen[105]). § 1603 Abs. 2 Satz 1 muß also jedenfalls auch im Falle des § 1708 I anwendbar sein. Zu erwägen ist, ob auch § 1603 Abs. 2 Satz 2 anwendbar sein soll. Als „anderer" unterhaltspflichtiger Verwandter kommt in erster Linie die Mutter des U. in Betracht. Es entspricht aber nur der Gleichheit der Be-

[102]) Ebenso Geiger S. 83. Die Gleichheit der Verpflichtung gilt in Rußland, Norwegen und Schweden. In Dänemark haftet sogar die Mutter in 1. Linie allein. Siehe Geiger S. 83 und Tomforde 35: S. 33, 137, 179, Tomforde 52: Norwegen S. 2, Schweden S. 3. DJR. 21, S. 159 unter IV, 4.

[103]) Vgl. Hübner S. 89/90. – Geiger (S. 83) und Kipp (S. 377) schlagen Gesamtschuldnerschaft der Eltern für den ganzen Unterhalt vor. Wird gegen beide vollstreckt, so wird die Verteilung unter den Eltern zunächst in die Vollstreckung verlegt. Oft wird in ihr von demjenigen am meisten beigetrieben, dessen Vermögenswerte offen zutage treten, und gegen den die Vollstreckung die wenigsten Schwierigkeiten macht. Der Ausgleich unter den Eltern ist außerdem sehr mißlich.

Nach § 1606 II Satz 1 haften gleichnahe Verwandte auch nur zu gleichen Teilen. Ich habe (Hübner S. 84) vorgeschlagen, § 1606 II Satz 2 zu streichen.

[104]) Bd. IV, S. 896.

[105]) Ebenso Kipp S. 375 und Geiger S. 87.

teiligung an dem Unterhalte, wenn die Leistungsfähigkeit der Mutter die Leistungspflicht des bedürftigen Erzeugers ausschaltet. § 1603 geht davon aus, daß sich „Eltern" in der Lage des Unvermögens, allen Pflichten nachzukommen, befinden. Es muß also auch die Mutter an diesem Unvermögen teil haben, sonst haftet sie gemäß § 1601 BGB.

Die Verweisung des unterhaltsberechtigten Kindes auf ein eigenes Vermögen führt zur Erörterung der anderen Benachteiligung des ehelichen Kindes. Das U. erhält die vollen Unterhaltsbeträge, auch wenn es ein Vermögen besitzt. Ein solches Vermögen muß in Zukunft zugunsten der bedürftigen ehelichen Kinder des Erzeugers berücksichtigt werden. Die Erträge eines solchen Vermögens des U. müssen in Zukunft die Unterhaltsleistungen auch eines leistungsfähigen Erzeugers und einer leistungsfähigen Mutter vermindern oder bei genügender Höhe ganz ausschalten[106]).

Das U. steht nach § 1708 II a. E. schlechter als das E., indem das erwerbsunfähige E. bis zur Volljährigkeit auch von den mit unzureichendem Einkommen ausgestatteten Eltern Beteiligung an deren Einkommen verlangen kann (§ 1603 II). Das erwerbsunfähige U. hat keine Ansprüche, wenn der Erzeuger sie nicht ohne Gefährdung seines standesgemäßen Unterhaltes befriedigen könnte (§ 1603 I). Auch hier halte ich die Gleichstellung des U. mit dem E. für notwendig. Sie würde bedeuten, daß der erwerbsunfähige volljährige U. ebenso wie ein E. gleicher Art dann keinen Unterhaltsanspruch hat, wenn die Voraussetzungen des § 1603 Abs. 1 vorliegen.

3. Die Verwandtschaft des U. mit seinem Erzeuger hat die Folge, daß nach den §§ 1601, 1606 II Satz 1 auch die Eltern, u. U. sogar die Großeltern des Erzeugers, dann zu dem Unterhalte des U. beitragen müssen, wenn der Erzeuger nicht mehr lebt oder von ihm nichts zu erlangen ist[107]). Diese Haftung der Großeltern von Vaters Seite ist auch deshalb gerechtfertigt, weil der zurzeit der Geburt seines Kindes meist noch sehr junge Erzeuger sehr oft noch in seinem Elternhause lebt und seine eigene Lebensführung sich dann in erheblichem Umfange nach den wirtschaftlichen Verhältnissen seiner Eltern richtet. Diese Mithaft wird auch häufig zur Folge haben, daß das Dasein des U. den Angehörigen des Erzeugers nicht verborgen bleibt und diese Kenntnis zu einer Sorge des einen oder anderen Angehörigen um das Kind, u. U. sogar zu einer Ehe zwischen dem Erzeuger und der Mutter des U. führt[108]). Die Reihenfolge in der Haftung würde dann sein, daß zunächst Erzeuger und Mutter nebeneinander haften. Falls einer von beiden ausfällt, haftet der Erzeuger oder die Mutter allein. Können beide nichts leisten, so haften die Großeltern beider zu gleichen Teilen[109]).

4. In Anlehnung an Vorschriften des Auslandes wird von manchen Schriftstellern eine Verschiebung der Altersgrenze des

[106]) Ebenso Kipp S. 375.

[107]) Vgl. Kipp S. 376, Geiger S. 84/85, ev. Kirche S. 310.

[108]) Elisabeth Zillken (S. 95) will nur eine Haftung der Eltern d. Erzeugers und auch nur als Bürgen, wenn sie den Geschlechtsverkehr zwischen ihrem Sohne und der Mutter gefördert oder dessen Unterhaltsleistungen beeinträchtigt haben.

[109]) Siehe Geiger S. 85, Kipp S. 376 f. Anders der Entwurf von 1925.

§ 1708 I von der Vollendung des 16. Lebensjahres auf das 18. Lebensjahr oder doch bis zum Abschlusse einer Berufsausbildung gefordert[110]). Man könnte die Gleichstellung mit dem E. in der Weise herbeiführen, daß gemäß § 1602 I BGB. unterhaltsberechtigt nur der ist, der sich nicht selbst ernähren kann. Diese Gleichstellung würde in Wirklichkeit eine schwere Benachteiligung des heranwachsenden U. bedeuten. Eltern haben im allgemeinen den dringenden Wunsch, ihrem ehelichen Kinde die denkbar beste Ausbildung für einen Beruf, überhaupt die beste Ausrüstung für den Lebenskampf mitzugeben. Sie bringen dafür oft große Opfer. Dieser Wunsch oder doch diese Opferwilligkeit fehlt im allgemeinen dem Erzeuger des U. Auch bei dessen Mutter wird solche Opferwilligkeit oft nicht vorhanden sein. Außerdem wird sie ohne die Mitwirkung des Erzeugers oft nicht in der Lage sein, ihrem Kinde eine dessen Gaben angemessene Ausbildung zu verschaffen. Es ist aber von großer Wichtigkeit, daß gerade das U. eine gute Berufsausbildung erhält, weil es sich ausschließlicher als die meisten E. auf seine Arbeitskraft verlassen muß. Es würde für das U. von Wert sein, wenn es sich auf die Gewährung des Unterhaltes bis zum 18. Lebensjahre verlassen könnte. Diese Unterhaltszulagen würden auch ein Ausgleich dafür sein, daß die Beträge, die von den Unterhaltspflichtigen im allgemeinen bezahlt werden, nicht ausreichen, den wirklichen Lebensunterhalt des U. zu bestreiten. Eine Verschiebung der Altersgrenze auf die Vollendung des 18. Lebensjahres unter allen Umständen würde aber die schwerwiegende Folge haben, daß sich unbegabte und untüchtige U. allzusehr auf die Fortzahlung des Unterhaltes in einer Zeit verlassen, in der sie ihren Unterhalt als „ungelernte" Arbeiter bereits verdienen könnten. Andererseits würde ein Streit zwischen dem U. oder dessen Mutter und dem Erzeuger darüber, ob die Gaben des U. für eine Berufsausbildung ausreichen, und welcher Beruf für das U. der geeignetste ist, sehr unerquicklich sein, zumal es für ein Gericht außerordentlich schwer sein würde, Begabung und Eignung des U. festzustellen. Ich halte es daher für angebracht, daß es im Belieben der Mutter oder eines anderen gesetzlichen Vertreters des U. stehen muß, ob das U. einer Ausbildung zugeführt werden soll oder nicht. Diese Frage hat sich zurzeit der Vollendung des 16. Lebensjahres des U. bereits entschieden. Befindet sich also das U. in diesem Alter in einer Berufsausbildung oder in einer Höheren Schule, so haben der Erzeuger und die Mutter das U. weiter zu unterhalten[111]). Ein Mißbrauch dieser Unterhaltspflicht ist kaum zu befürchten. Das U. wird

---

110) Peters (Caritas) S. 32, ev. Kirche S. 310, Schröder S. 61, 69/70, Geiger S. 96. Für ausländisches Recht s. Geiger S. 96, Tomforde 35: S. 179, Tomforde 52: Niederlande S. 2, Schweiz S. 9, Dänemark S. 3, Schweden S. 3, Norwegen S. 3 (Holland u. Rußland bis zur Volljährigkeit; Schweiz, Dänemark: 18 Jahre, Finnland 14, Schweden 15, Norwegen 16 Jahre mit Verlängerungsmöglichkeit. Sehr verwickelte Gestaltung der Zahlung für die Berufsausbildung im § 1708 a des Entwurfes für 1925. — Den Vorschlag Fallmanns auf DJT. 21 (S. 170), eine Verlängerung der Unterhaltspflicht dem Erzeuger aufzuerlegen, der seine Pflicht nicht erfüllt hat, halte ich für verkehrt.

111) § 1708 b des Entwurfes von 1925 sieht eine Einschränkung der Leistungspflicht des Erzeugers vor in dem Falle, daß der Erzeuger infolge anderer Verpflichtungen seinen „standesmäßigen Unterhalt" durch Zahlung des vollen Unterhaltes gefährden würde. Dieser Vorschlag ist überholt durch § 6 der Lohnpfändungs-VO. von 1940.

aus einer Lehre, einer Höheren oder Fachschule bald entfernt werden, wenn es den Ansprüchen nicht genügt. Und selbst wenn die Ausbildung nicht abgeschlossen wird, hat das U. etwas gelernt, was irgendwie seine Leistungsfähigkeit im Lebenskampfe erhöht. Der Anreiz zu einer Fortbildung durch die Aussicht auf Verlängerung des Unterhaltes ist nur geeignet, eine große Anzahl von U.'s zu einer Verbesserung ihrer Lebensgrundlage zu veranlassen. Um auch „Spätentwickler" und alle, die sonst infolge widriger Umstände Zeit verloren haben, den Abschluß einer Ausbildung zu ermöglichen, möchte ich eine Höchstgrenze für die Unterhaltsgewährung auf die Vollendung des 21. Lebensjahres setzen. Die Gefahr, daß unfähige und träge U.'s eine so große Zeitspanne irgendwie mißbrauchen werden, sich etwa auf einer Ober-, Hoch- oder Fachschule ohne Erfolg herumzutreiben, ist m. E. nicht nur deshalb gering, weil solche Schulen unfähige Schüler rechtzeitig abschieben, sondern auch im Hinblick darauf, daß die Unterhaltsbeiträge von Mutter und Erzeuger im allgemeinen zu gering sind, um dem untüchtigen U. zu erlauben, sich auf solchen Schulen ohne Nebenerwerb und ohne Werkstudententum zu halten.

5. Diese Verlängerung der Unterhaltszeit gibt der Frage eine, wenn auch nicht erhebliche Bedeutung, ob ein anderer gesetzlicher Vorteil des U. gegenüber dem E. erhalten bleiben soll. Die Eltern des E. brauchen ihr Kind auch schon in dessen Jugend nur dann zu unterhalten, wenn es sich nicht aus den E i n k ü n f t e n e i n e s e i g e n e n V e r m ö g e n s und aus dem E r t r a g e e i g e n e r A r b e i t selbst ernähren kann (§ 1602 BGB.); während das U. den Unterhaltsanspruch gegenüber dem Erzeuger ungekürzt behält, auch wenn es genügend eigenes Einkommen hat. Dieser Fall wird selten Bedeutung haben, weil das U. fast immer — abgesehen von einer heute ganz selten gezahlten Abfindung des Erzeugers — vermögenslos ist, und weil es bis zur Vollendung des 14. Lebensjahres so gut wie immer, aber auch bis zur Vollendung des 16. Lebensjahres selten die Möglichkeit und die Kräfte hat, irgendwie beträchtlich zu verdienen, vor allem dann, wenn es nach der Entlassung aus der Schule zu irgendeinem Berufe ausgebildet wird. Es ist m. E. angebracht, daß dem Erzeuger Einkommen des U. aus Vermögen zugute kommt. Unangebracht ist m. E. die Anrechnung von Arbeitseinkommen. Die Aussicht, den Unterhalt zu verlieren oder dessen Minderung zu erleben, würde das U. davon abhalten, Verdienstmöglichkeiten auszunützen. Abgesehen davon würde ein solcher Arbeitsgewinn fast immer nur gerade groß genug sein, um die niedrigen Unterhaltsbeträge zu einer ausreichenden Unterlage für eine angemessene Verpflegung, Kleidung und die Befriedigung anderer Lebensbedürfnisse zu vergrößern. Höchst unerquickliche Erörterungen mit dem Unterhaltsverpflichteten, insbesondere mit dem Erzeuger, würden außerdem die Folge sein, die geeignet ist, die letzten Beziehungen zu dem Erzeuger zu vernichten[112]). Außerdem ist in dieser Hinsicht das E. im allgemeinen viel günstiger gestellt als das U., dem eine liebevolle Opferbereitschaft des Erzeugers meistens fehlt[113]).

112) Anders § 1708 c des Entwurfes von 1925.

113) Ebenso Kipp S. 375. Elisabeth Zillken (S. 94) lehnt die familienrechtliche Gestaltung der Unterhaltspflicht des Erzeugers überhaupt ab, weil sie dem U. geringere Sicherheit biete.

6. Für das erwachsene U. bringt der § 1708 II einen Nachteil. Es hat ein Recht auf Unterhalt nur dann, wenn es „infolge körperlicher oder geistiger Gebrechen" sich nicht selbst unterhalten kann. Das E. hat den Unterhaltsanspruch in jedem Falle der Unfähigkeit, sich selbst durch das Leben zu schlagen, also auch dann, wenn es keine ihm zuträgliche Arbeit finden kann. Außerdem ist der Anspruch des U. auf Unterhalt davon abhängig, daß es zurzeit der Vollendung des 16. Lebensjahres unfähig ist, sich zu unterhalten. Dadurch wird jede Hilfe des Erzeugers ausgeschaltet, wenn das U. später seine Arbeitsfähigkeit dauernd oder vorübergehend verliert. Der Gesetzgeber von 1896 wollte von dem Augenblicke an, in dem das U. einmal auf eigenen Füßen stand, jede Beziehung zwischen dem Erzeuger und dem U. endgültig vernichten. Wenn das U. auch später das größte Unglück und die größte Bedürftigkeit trifft, sollen die Bande des Blutes unter keinen Umständen mehr sprechen – offenbar weil es für den vielleicht inzwischen verheirateten und vielleicht in angesehener Stellung befindlichen Erzeuger peinlich wäre.

An die Stelle des § 1708 II müssen die Bestimmungen für das E. (§§ 1602 und 1603) treten[114].

7. Gemäß § 1610 BGB. richtet sich die Höhe des Unterhaltes für das E. nach seiner Lebensstellung. Da zugleich von dem „standesgemäßen Unterhalte" die Rede ist, ist die Lebensstellung des minderjährigen E., so lange es keine selbständige Stellung hat, die Lebensstellung des Vaters. Für den Unterhalt des U. ist die Lebensstellung der Mutter maßgebend (§ 1708 I). Zur Gleichstellung des U. und des E. ist von mehreren Seiten vorgeschlagen, daß für die Höhe der Unterhaltsleistung die Lebensstellung des Erzeugers von Einfluß sein soll[115]. In zahlreichen europäischen Ländern ist entweder die Lebensstellung des Erzeugers oder diejenige beider Eltern oder doch ein gewisser Einfluß der Stellung des Erzeugers auch da, wo grundsätzlich die Verhältnisse der Mutter maßgebend sind, Grundlage der Bemessung des Unterhaltes[116].

M. E. handelt es sich heute nicht nur darum, ob ein wohlhabender Erzeuger einen höheren Beitrag zum Unterhalte des U. zu leisten hat als ein unbemittelter, sondern darum, ob überhaupt die Lebensstellung des einen oder anderen Unterhaltsverpflichteten Einfluß auf die Höhe des Aufwandes für das U. haben soll.

Nach § 1708 BGB. hat das Liebesverhältnis des Stallburschen zu der Prinzessin die Folge, daß – vorausgesetzt, die Prinzessin ist noch an einem fürstlichen Aufwande beteiligt – er für die Frucht des Verhältnisses Mittel aufbringen muß, wie sie etwa ein vermögender Prinz für sein eheliches Kind verwenden würde. Eine solche Verpflichtung ist für die Zukunft und

---

114) Siehe § 1708 a II des Entwurfes von 1925 u. Kipp S. 374, auch schon Pr.ALR. § 637.

115) Geiger S. 91, Kipp S. 372 f., Erika Buchmann in „Die Welt der Frau" Jahrg. 1949, Heft 1.

116) Dänemark, Schweden, Norwegen, Holland, Ungarn, Schweiz, Italien s. Geiger S. 89, Tomforde 35: S. 89, 117, 193, Tomforde 52: Dänemark S. 3, Schweden S. 3, Niederlande S. 2, Ungarn S. 3, Schweiz S. 9. – Auf dem DJT. 21 (S. 170, 181, 183) herrschte hierüber lebhafte Meinungsverschiedenheit (dafür Dr. Fallmann, Frau Dr. Lüders; dagegen Prof. Dr. Pappenheim). Fallmann sprach sich dafür aus, daß jeder Elternteil entsprechend seiner Lebensstellung zahlt.

die Lebenshaltung des Stallburschen vernichtend. Aber für die Köchin bestehen keine solche Verpflichtungen, wenn ihr U. von einem Prinzen erzeugt ist. Sie braucht überhaupt nichts aufzuwenden, wenn der Prinz seiner geringfügigen Zahlungspflicht genügt. Der § 1708 BGB. widerspricht der Gleichberechtigung von Mann und Frau und widerspricht meinem Vorschlage, daß Erzeuger und Mutter nebeneinander mit gleicher Belastung für den Unterhalt aufzukommen haben. M. E. ist daher weder die Lebensstellung des Erzeugers noch diejenige der Mutter ein geeigneter Maßstab für die Höhe des Unterhaltes. Im Hinblicke darauf, daß im allgemeinen Erzeuger und Mütter unbemittelt sind und das U. meistens in einfachsten Verhältnissen bei seiner Mutter aufwächst[117]), muß m. E. im allgemeinen maßgebend sein der für eine einfache Versorgung und Erziehung erforderliche Aufwand. Nur derjenige Elternteil hat einen besonderen Mehrbetrag zu zahlen, der ohne Beschwer höhere Beiträge zum Unterhalte seines U. aufbringen kann. Die Grenze für die Höhe dieser Mehrleistung ist eine Versorgung, die den angemessenen Ausgaben des zahlungsfähigen Elternteils für ein E. entspricht[118]).

Die den Erzeugern von den Gerichten auferlegten Unterhaltssätze entsprechen meistens nicht annähernd dem Lebensbedarf des U. Die Gerichte fürchten, daß höhere Verpflichtungen zu äußerstem und erfolgreichem Widerstande der womöglich ihre Arbeitsplätze aufgebenden Erzeuger führen und ihnen überhaupt allzusehr ein Vorwärtskommen, insbesondere das Heiraten, erschweren[119]). Diese Sorgen sind durchaus berechtigt. Wenn aber in Zukunft der Erzeuger nur die Hälfte des Unterhaltes zu bestreiten braucht, kann die Verpflichtung des Erzeugers ebenso wie die der Mutter den wirklichen Bedürfnissen des U. genähert werden. Eine schärfere Heranziehung des Erzeugers hat außerdem den Vorteil, daß die Ehefreudigkeit der jungen Männer zugunsten der Mütter ihrer Kinder gefördert wird[120]).

8. Zweckmäßig ist es, einem Elternteile, der das U. nicht erzieht und nicht die Gewalt über das U. hat, das Recht einzuräumen, seine Unterhaltsbeiträge oder Teile von ihnen nicht dem Gewalthaber zuzuführen, sondern einer Stelle, die irgendwelche Aufgaben der Versorgung oder Erziehung des U. übernommen hat. Der Unterhaltsverpflichtete kann dann z. B. Schuldgeld, Geld zur Anschaffung von Lernmitteln der Bildungsanstalt, Mittel zur Bestreitung der Kosten des Aufenthaltes in einer Erziehungsanstalt, einem Krankenhause oder anderen Anstalten den Leitern solcher Anstalten unmittelbar auszahlen. Auf diese Weise ist er der richtigen Verwendung seiner Zuwendungen sicher. Diese Möglichkeit kommt insbesondere für Mehrleistungen eines wohlhabenden Erzeugers in Betracht. Falls der Unterhaltspflichtige und der Gewaltinhaber sich hierüber nicht einigen können, muß ersterer die Einwilligung des Vormundschaftsgerichtes herbei-

---

117) 75 % der Erzeuger sind Arbeiter oder Handwerker, 70 % der Mütter sind Arbeiterinnen oder Hausangestellte. Siehe Elisabeth Zillken S. 46.

118) Dr. Kluckhohn schlägt Zusätze zu den Mindestsätzen des BGB. vor, die die Leistungen des Vaters nicht mehr als verdoppeln dürfen. (Zeitschrift für Rechtspflege in Bayern 1919, S. 211 ff.).

119) Geiger S. 120.

120) Siehe Geiger S. 22.

führen können, die die Zustimmung des Gewaltinhabers ersetzt. Zweckmäßig wäre manchmal eine Befugnis des Vormundschaftsgerichtes, auch die Anstalten und sonstige Dritte zu bestimmen, denen das U. in irgendeiner Hinsicht anvertraut werden soll. Darin würde aber eine starke Beschränkung des Gewaltinhabers, im allgemeinen also der Mutter, liegen. Es muß auch hier Aufgabe des Jugendamtes sein, einen günstigen Einfluß auf die Mutter auszuüben.

9. Eine viel erörterte Frage geht dahin, ob die zum Unterhalt Verpflichteten nicht besondere, aus den laufenden Unterhaltsleistungen nicht bestreitbare Unkosten decken müssen[121]). Es handelt sich im wesentlichen um hohe Kosten der Heilung von Krankheiten oder Verletzungen des U., aber auch um ein besonderes Ausrüstungsstück für eine Berufsausbildung und dergl. Nach den §§ 1610 II und 1708 I BGB. haben die Eltern des E. oder der Erzeuger des U. „den gesamten Lebensbedarf" einschließlich der Kosten der Vorbildung zu einem Berufe des Kindes zu decken. Nach den §§ 1612 I und 1710 BGB. haben sie den alle diese Bedürfnisse deckenden Unterhalt in einer Geldrente zu gewähren, wenn das Kind nicht der Hausgemeinschaft des Unterhaltsverpflichteten angehört. Diese Rente soll so hoch sein, daß sie für alle Lebensbedürfnisse des Kindes ausreicht, also auch für außerordentliche Kosten bei einer Krankheit des Kindes oder anderem Anlasse. In Wirklichkeit reicht die vom Gericht festgesetzte Rente zur Deckung solcher außergewöhnlichen und notwendigen Ausgaben nicht aus. Auf der Grundlage des BGB. kann ein wohlwollender Richter vielleicht gelegentlich, insbesondere bei lange Zeit andauernder Krankheit in der Weise helfen, daß er im Sinne des § 323 ZPO. eine wesentliche Veränderung der Verhältnisse annimmt, die für die Bemessung der Rente maßgebend waren, und die Rente um einen Betrag erhöht, der eine Abzahlung der Schulden des Kindes aus besonderem Anlasse ermöglicht. In den meisten Fällen wird diese Bestimmung nicht anwendbar sein. Jedenfalls ist die Rechtsprechung schwankend[122]). Die in einer Rente unberücksichtigten Kosten einer Krankheit können vielleicht dadurch abgewendet werden, daß das Kind einer Krankenkasse beitritt. Manchmal wird auch das U. mit seiner berufstätigen Mutter einer Krankenkasse der Sozialversicherung angehören. Aber die niedrigen Unterhaltsleistungen werden oft nicht einmal für die Versicherungsprämien ausreichen. Gerade die Pflicht zu solchen besonderen Leistungen gleicht die Versorgung des U. derjenigen des E. an. Wie oft nehmen Eltern größte Entbehrungen auf sich, um die hohen Kosten einer Heilung ihres E. von Krankheit oder Unfall wenigstens in Teilzahlungen aufzubringen, ohne danach zu fragen, wer eigentlich zur Zahlung verpflichtet ist.

M. E. müßten daher der Erzeuger und die Mutter ausdrücklich durch eine Gesetzesbestimmung verpflichtet werden, solche außerordentlichen Unkosten, die notwendig sind, aber auch bei sparsamster Wirtschaft aus den regelmäßigen Geldrenten nicht bestritten werden können, in demselben Verhältnisse aufzubringen, in dem sie den gewöhnlichen Unterhalt aufzubringen haben.

---

[121]) Geiger S. 91, Kipp S. 378, Entwurf von 1925, § 1708. Eingeführt in Dänemark (s. Tomforde 52 S. 3).

[122]) Vgl. RGR. Erl. Buch, Anm. 2 zu § 1710, Staudinger Anm. 1 zu § 1710.

Im übrigen muß § 1607 BGB. gelten.

10. Den zurzeit noch bestehenden Anspruch des weiblichen U. auf eine Aussteuer (§ 1620 I, Satz 2 BGB.)[123]) muß neben der Mutter auch der Vater erfüllen, und zwar grundsätzlich mit ihr zu gleichen Teilen[124]).

11. Die Gleichstellung der Geschlechter erfordert andererseits, daß die Beerdigungskosten (§§ 1615 II, 1713 II) von dem Erzeuger zur Hälfte übernommen werden[124]).

V. Unterhaltspflichten des U.

Die Verwandtschaft des U. mit dem Erzeuger bringt gemäß § 1601 auch eine Unterhaltspflicht des U. gegenüber dem Erzeuger und dessen Vorfahren mit sich. Sie ist gerechtfertigt, wenn dem U. ein Erbrecht nach dem Erzeuger zusteht. Auf den Zusammenhang mit dem Erbrechte weist § 1606 I, S. 2 BGB. hin. Diese Unterhaltspflicht dient der Hebung der Stellung des unehelichen Kindes. Das Bewußtsein des Erzeugers von der Möglichkeit, später einmal eine Stütze in seinem U. zu finden, mag gelegentlich ein Anreiz zu guter Versorgung seines Kindes in den Jahren der Kindheit und Jugend sein. Die Unterstützung des Erzeugers in alten Tagen kann zu erfreulichen Beziehungen zwischen Vater und Sohn führen.

In vielen Fällen werden die früheren Leistungen des Erzeugers und die späteren Leistungen des U. nicht einander entsprechen, z. B. dann nicht, wenn reichliche Unterhaltsbeträge des wohlhabenden Erzeugers nur durch notdürftige Leistungen des unbemittelten U. entgolten werden, oder wenn das U. einen Erzeuger unterhalten muß, der sich ständig böswillig seiner Unterhaltspflicht entzogen hat. Das U. kann sich dann allerdings auf die Gewährung des notwendigen Unterhaltes beschränken (§§ 1611 II, 2334, 2333, Ziff. 4 BGB.). Immerhin müßte es auch in diesem Falle den Erzeuger unterhalten, ohne daß der Erzeuger jemals eine Pflicht gegenüber dem U. erfüllt hat.

M. E. liegt es aber im Wesen verwandtschaftlicher Unterstützungspflicht – wenigstens nach deutscher Auffassung –, daß Leistungen und Gegenleistungen nicht gegeneinander abgewogen werden. In den meisten Fällen ist der Vater ganz einseitig der Gebende. Auch das E. muß einen bedürftigen Vater erhalten, der sich niemals um sein Kind gekümmert hat.

Aber die Bestimmungen des Gesetzes müssen gegeneinander abgewogen sein. Wie in dem nächsten Abschnitte darzulegen ist, kann dem U. das volle Erbrecht des E. nicht zugestanden werden, wenn es nicht in den Lebensverhältnissen des Erzeugers aufgewachsen ist. Entsprechend seinen Erbansprüchen (s. unter VI) muß sich seine Unterhaltspflicht im allgemeinen auf die Hälfte der Leistungen des ehelichen Kindes beschränken und nur dann der Leistungspflicht des E. entsprechen, wenn es bei dem Erzeuger

[123]) Unter den heutigen Verhältnissen ist die Aussteuerpflicht nicht mehr gerechtfertigt. Ich habe mich daher für eine Streichung der Bestimmung ausgesprochen. Hübner S. 79. Anders Bundesgerichtshof, Urteil v. 3. 12. 1953, NJW 54 S. 343.

[124]) Geiger S. 127.

aufgewachsen ist und an dessen Lebensstellung teilgenommen hat. Dasselbe gilt für die Unterhaltspflicht gegenüber Vorfahren des Erzeugers. Ein Aufwachsen in den Lebensverhältnissen des Erzeugers wird dann anzunehmen sein, wenn das U. in demselben Verhältnisse zu dem Erzeuger steht wie unter gleichen Umständen dessen eheliches Kind. Es genügt also z. B., daß das U. zwar eine auswärtige Schule besucht, aber das Wochenende oder wenigstens die Ferien bei dem Erzeuger verbringt. Die Zeit eines Zusammenlebens muß m. E. mindestens 6 Jahre bestanden haben. Es genügt aber nicht, daß der Erzeuger — etwa um Barzahlungen zu vermeiden — das U. zu sich nimmt, ihm aber die Stellung eines Hausgehilfen zuweist, oder es sonst nicht wie ein Familienmitglied behandelt.

VI. Erbrechtliche Verhältnisse.

1. Im Herzogtum Meiningen stand dem U. vor 1900 und zwar durch Gesetz vom 9. 9. 1844, ein bescheidenes Erbrecht — ein Sechstel des Nachlasses für alle unehelichen Kinder eines Erzeugers zusammen — zu[125]). Ein beschränktes Erbrecht steht schon seit langem dem U. in Frankreich und in der Schweiz und neuerdings in Dänemark, Norwegen und Schweden (hier nur dem Brautkinde) in gleichem Umfange wie dem E. zu[126]). Geiger führt — ohne sie anzuerkennen — alle Gründe auf, die gegen ein Erbrecht des U. sprechen. Außer dem bereits erörterten Gesichtspunkte einer gewissen Unsicherheit darüber, ob der Erblasser wirklich der Erzeuger des Kindes gewesen ist, wird das Erbrecht des U. als ein Anreiz zu außerehelichem Verkehr für ein erbsüchtiges Mädchen, als eine Ermunterung für die Mutter „zum Vaterschaftsschwindel" (Behauptung der Herkunft ihres Kindes von dem begüterten Beischläfer) und als ein Anlaß für den — bereits um seine Erben besorgten — Beischläfer, die Behauptung seiner Erzeugerschaft mit allen Mitteln zu bekämpfen. Die Bekämpfer des Erbrechtes mit solchen Gründen übertreiben m. E. die Bedeutung dieses Rechtes gegenüber den anderen Pflichten und Rechten der Beteiligten, die schon zur Erzeugung der erwähnten verwerflichen Folgeerscheinungen genügen. Einige Schriftsteller halten ebenso wie manche Staaten für eine notwendige Voraussetzung des Erbrechtes des U., daß der Erzeuger die Vaterschaft anerkannt oder daß er das U. in seine Hausgemeinschaft aufgenommen hat[127]). Diese Schriftsteller verkennen aber nicht, daß der Wunsch, ein solches Erbrecht auszuschalten, zur Ablehnung eines Anerkenntnisses der Vaterschaft und einer Aufnahme des Kindes in die Häuslichkeit des Erzeugers führen kann. Auch werden Unterschiede in der Höhe der Erbanteile je nach dem gemacht, ob nahe Angehörige neben dem U. erben oder nicht[128]).

---

125) Geiger S. 127.

126) Geiger S. 124 ff., Kipp S. 381 ff. Auch der Entwurf von 1925 (§ 1712 b) wollte ein eingeschränktes Erbrecht mit sehr verwickelten Bestimmungen schaffen. Siehe dazu Kipp S. 381.

127) Z. B. nach Schweizer Recht. Siehe ferner Geiger S. 137.

128) Geiger S. 137.

Ich halte es für angebracht, daß das U. grundsätzlich nur die Hälfte von dem erbt, was ein E. erben würde[129]), daß der Pflichtteil des U. unter allen Umständen der Hälfte des Erbteiles des E. entspricht; daß also der Erblasser im allgemeinen das U. nicht von der Erbfolge ausschließen kann. Dieser Ausschluß muß aber möglich sein, wenn die Voraussetzungen für eine Pflichtteilsentziehung vorliegen. Es würde dann z. B. jeder Anspruch des U. oder des Erzeugers des U. wegfallen, wenn der eine seine Unterhaltspflicht gegenüber dem anderen böswillig verletzt hat. (§§ 2332, Ziff. 4, 2334 BGB.). Würde das U. mit dem gesetzlichen Erbrecht in der Höhe der Hälfte des Erbrechts des E. auf Pflichtteil gesetzt werden können, so würde er als Nachlaßbeteiligter manchmal schlechter gestellt sein als heute, wo er häufig gemäß § 1712 II eine Abfindung in der Höhe des Pflichtteiles von den Erben erhalten wird. Durch sie erlöschen allerdings alle Unterhaltsansprüche gegen die Erben. Aber Unterhaltsansprüche des U. als Verwandten seines Erzeugers und von dessen Verwandten würden auch häufig gemäß § 1603 I BGB. nicht bestehen. Ein Vorteil ist, daß das U. unter allen Umständen Erbe ist, sich also an der Auseinandersetzung mit den anderen Erben beteiligt. Noch größer ist der Vorteil, daß das nicht mehr unterhaltsberechtigte U. eine Abfindung gemäß § 1712 II BGB. nicht erhalten kann, während es als Erbe seine Beteiligung auf Lebenszeit behält.

Ein anderer bedeutsamer Vorteil des erwerbsunfähigen U. als Erben würde es sein, wenn ihm durch die Beerbung des Erzeugers wie dem ehelichen Kinde der Anspruch gegen Vorfahren des Erblassers auf Unterhalt insoweit nicht verloren ginge, als der ihm zugefallene Erbanteil zur Befriedigung seiner Lebensbedürfnisse nicht ausreicht (§ 1602 I BGB.). Ich vermag nicht einzusehen, warum das U. insofern nicht dem E. gleichstehen soll[130]). Die Erben können sich dafür wie gegenüber dem ehelichen Kinde eines Erblassers auf Gefährdung ihres standesgemäßen Unterhaltes durch Zahlungen an das Kind (§ 1603 I BGB.) berufen.

Ein Erzeuger, der sein U. wie ein E. in seine Lebensgemeinschaft aufnimmt, hat ein so hohes Pflichtgefühl oder eine solche Liebe zu seinem leiblichen Kinde, daß er auch der vollen Gleichstellung mit seinen E.'s als Erben zustimmen wird. Ich halte daher die Gefahr, daß solche Gleichstellung ihn von der Aufnahme des Kindes abhält, für gering. Das U. ist durch das Zusammenleben mit dem Erzeuger im allgemeinen auch mit dessen Frau und dessen E.'s wohlbekannt. Sie gewöhnen sich frühzeitig an den Gedanken, daß das U. voller Miterbe ist und werden diesen Umstand oft aus der Kenntnis der Wesensart des U. billigen. In diesem Falle ist m. E. das U. dem E. völlig gleichzustellen. Dann steht aber dem Erzeuger das Recht zu, das U. von der Erbschaft auszuschließen. Das U. steht nicht besser da, als ein den anderen Erben völlig fremdes U. Dadurch wird m. E. eine Beeinträchtigung der Ehe des Erzeugers ausgeschaltet. Wenn der Erzeuger das U. nicht auf Pflichtteil setzt, so tut er schließlich nichts anderes, als

---

[129]) Ebenso Fallmann DJT. 21, S. 159 und Rademacher NJ. 1950 S. 80. Elisabeth Zillken (S. 93) lehnt ein eigentliches Erbrecht des U. neben Es. deshalb ab, weil die Es. dem Vater bei dem Erwerbe seines Vermögens geholfen hätten. Eine solche Hilfe leisten nur in einem zeitlich und mengenmäßig sehr begrenzten Umfange Es. von Landwirten und Heimarbeitern.

[130]) Anderer Meinung Geiger S. 141.

ein Vater, der aus freiem Entschlusse jemanden, der nicht zur Familie gehört, an seinem Nachlasse beteiligt.

Es ist m. E. angebracht, diesen Begriff der Aufnahme in die Lebensgemeinschaft hier anders zu umgrenzen als da, wo es um die Behandlung des U. gleich einem E. als Grundlage für die Pflicht des U. zur unbeschränkten Unterstützung des Erzeugers geht. Dort handelt es sich um die Gegenüberstellung wirtschaftlicher Leistungen, hier um eine menschlische Eingliederung des U. in die Hausgemeinschaft des Erzeugers, die die Gefahr für eine Ehe des Erzeugers durch eine volle Erbbeteiligung des U. beseitigen soll. Es genügt daher z. B. hier nicht, daß der unverheiratete Erzeuger das U. eine Zeitlang in seine Wohnung aufgenommen und etwa durch seine Mutter oder durch seine Haushälterin hat versorgen lassen, bis er eine Ehe einging. Notwendig ist m. E., daß das U. mindestens 6 Jahre lang wirklich so gut wie ununterbrochen in der Hausgemeinschaft mit dem Erzeuger gelebt hat und daß diese Lebensgemeinschaft, falls der verstorbene Erzeuger verheiratet gewesen ist, mindestens 3 Jahre während dessen Ehe bestanden hat. Das U. wäre nicht 3 Jahre im Familienkreise geduldet worden, wenn es nicht die Zuneigung oder wenigstens die Achtung der Frau des Erzeugers und von dessen ehelichen Kindern erworben gehabt und mit der Familie des Erzeugers mehr oder weniger verschmolzen gewesen wäre. Gerade die Erkenntnis, daß das U. nach 3 Jahren des Zusammenlebens als voller Erbe die Erbteile der Familienmitglieder schmälern würde, hätte den Erzeuger sonst veranlaßt, das U. vor Ablauf der 3 Jahre zu entfernen. Diese Regelung birgt m. E. auch nicht die Gefahr in sich, daß der Erzeuger ohne sittlich berechtigten Grund es nicht zu dreijähriger Familiengemeinschaft kommen läßt. Ein Erzeuger, der sein U. in seine Ehe einbringt, ist nicht berechnend. Auch die Gefahr ist m. E. nicht groß, daß das U. nach Ablauf der 3 Jahre wie nach Ablauf einer Bewährungsfrist eine andere und weniger erfreuliche Haltung gegenüber der Familie seines Erzeugers einnimmt. Einem Kinde ist es nicht darum zu tun, seine Erbansprüche zu verbessern, sondern sich die Wärme eines Familienlebens zu erhalten. Hat das U. in dieser Weise festen Anschluß an die Familie des Erzeugers gewonnen, so besteht die Gewähr dafür, daß die Frau des Erzeugers und dessen eheliche Kinder sich auf ein volles Erbrecht des U. eingerichtet und damit abgefunden haben.

Sind beim Tode eines Erzeugers weder eine Frau noch Nachkommen, noch Vorfahren vorhanden, so ist es m. E. angebracht, daß jedes U. oder dessen Nachfahren als die nächsten Blutsverwandten des Erblassers wie eheliche Nachkommen die gesetzlichen Erben des Erzeugers werden.

2. Im gleichen Sinne ist das Erbrecht des Erzeugers am Nachlasse des U. zu gestalten. Volles Erbrecht steht nur dem zu, der das U. in seine Lebensgemeinschaft aufgenommen hat, oder neben dem nur entfernte Verwandte des U. und keine Frau des U. als Erben in Betracht kommen.

Den Angehörigen, d. h. den Verwandten der 1. und 2. Ordnung, allen Vorfahren und den Ehefrauen des unehelichen Vaters oder des U., die mit dem Einen oder Anderen zusammen erben, muß m. E. das Recht zustehen, bei der Erbauseinandersetzung Sachen des Erblassers für sich gegen volle Entschädigung in Anspruch zu nehmen. Erzeuger und Erzeugter stehen meistens den Angehörigen des Anderen so fern, daß diese Angehörigen die Möglichkeit haben müssen, Gegenstände, die der Erblasser selbst benutzte, oder Gegenstände der Erinnerung wie Briefe, Bilder und andere Papiere, Bücher, und Schmuckstücke für sich zu beanspruchen. Desgleichen muß ein solcher Miterbe von der Beteiligung an einem Unternehmen des Erblassers, insbesondere an einem landwirtschaftlichen Besitze ausgeschlossen werden können[131]). M. E. muß auch der Voraus des § 1932 BGB. auf den Fall ausgedehnt werden, daß die Witwe neben dem U. erbt.

VII. Wege zur Ehelichkeit.

Von größter sozialer Bedeutung für das U. ist die Möglichkeit, daß es zu einem ehelichen Kinde wird.

1. Es wird es ohne weiteres — wenn auch eine Prüfung der Voraussetzungen der Feststellung der Ehelichkeit vorausgeht — durch die Ehe seiner Mutter mit dem Erzeuger (§§ 1719 ff. auch § 1883 BGB., § 31 RFrGG.)[132]).

2. Ein anderer Weg ist die Ehelichkeitserklärung gemäß den §§ 1723 ff. Sie wird neuerdings häufig beantragt und ist überall von Bedeutung, wo ein Elternteil des U. bereits zurzeit von dessen Geburt verheiratet ist. Dem Antrage wird auch meistens entsprochen. Dieses Tor zur Ehelichkeit ist m. E. regelmäßig zu öffnen. Früher glaubte der Staat ein Interesse an der Frage zu haben, ob ein Kind ehelich wird oder nicht. Er wünschte z. B. nicht, daß ein solches Kind durch die Ehelichkeitserklärung den Adel erhielt und Fideikommisfolger wurde. Solche Staatsbelange kommen heute nicht mehr in Betracht. Ich halte es deshalb für angebracht, daß diese Ehelichkeitserklärung nicht mehr eine Verfügung der Staatsgewalt im engeren Sinne sondern eine Entscheidung des Gerichts ist. Schon heute wird die Ehelichkeitserklärung von den Amtsgerichten vorbereitet. Das Gericht ermittelt alle Umstände. Auf das Ermittlungsergebnis und den Vorschlag des Vormundschaftsrichters stützt der Landgerichtspräsident seine Verwaltungsentscheidung[133]).

Der Vormundschaftsrichter ist häufig schon aus anderem Anlasse mit den Verhältnissen der Beteiligten vertraut. Er hat reiche Erfahrungen mit unehelichen Kindern. Er ist m. E. der geeignete Richter für die Ehelichkeitserklärung[134]).

3. In der Gegenwart mit ihrer Unzahl von Kriegswaisen und Kindern der Flüchtlinge, die in bedrängtesten Verhältnissen leben, ist eine Erleichterung der Annahme an Kindes Statt geboten. Sie wird schon seit

---

131) Ebenso Fallmann DJT. 21, S. 159 unter III, 5, der die Schwierigkeiten für landwirtschaftliche Güter besonders hervorhebt.

132) Nach Klumker S. 166 werden 20—25 % der U. auf diese Weise ehelich. Die Hälfte der übrigen U. erhält den Namen des Mannes d. Mutter (1926); nach Spann S. 178 wurden in Dresden sogar ⅔ auf diese Weise ehelich (1909), nach Schröder, S. 46 nur 10 % (1924).

133) § 10 der VO. des Reichsministers d. Justiz vom 31. Mai 1934 (RGBl. I S. 473).

134) Ebenso Kipp S. 393.

den ersten Jahren nach dem ersten Weltkriege sowohl in der Richtung gefordert, daß auch jemand, der ein eheliches Kind hat, ein Kind annehmen darf, als auch dahin, daß die Altersgrenze von 50 Jahren für den Annehmenden herabgesetzt wird[135]).

Für die unerläßliche Forderung des § 1741 BGH., daß der Annehmende keine ehelichen Abkömmlinge haben darf – eine uneheliche Mutter darf seltsamerweise neben ihrem U. ein Kind annehmen![136]) –, ist der Gedanke die Grundlage, es bestehe die Gefahr, das angenommene Kind könnte hinter eigenen Kindern des Annehmenden zurückgesetzt werden (s. auch § 1743)[137]). Bei einem kinderlosen einsamen Menschen, insbesondere einer Frau, der ein Kind versagt ist, mag manchmal eine gewisse Selbstsucht höherer Art, der Wunsch nach einem von ihr abhängigen Menschen und nach einem Lebensinhalte zur Annahme eines Kindes geführt haben. Ein solches Kind wird dann oft allzusehr verwöhnt. Von ihm wird aber auch verlangt, daß es immer für den Annehmenden da ist und ihm das Leben erhellt. Viel wertvoller ist die selbstlose Liebe und das Mitleid, das einen Vater oder eine Mutter oder beide gemeinsam zur Annahme eines Kindes treibt. Entweder wollen sie damit eine Verwöhnung und die Gefahr der Selbstsucht eines eigenen einzigen Kindes bekämpfen – ein Zeichen ernster Auffassung ihrer Erziehungsaufgabe –, oder aber sie wollen in völliger Selbstlosigkeit einem in dürftiger oder liebloser Umgebung lebenden Kinde eine glückliche Kindheit und Jugend und eine Zukunft verschaffen. Menschen, die neben einem eigenen Kinde ein fremdes Kind annehmen, sind demnach im allgemeinen noch wertvoller als solche, denen ein Kind ihres Blutes versagt ist. Der § 1741 BGB. schadet also nur vielen armen, einer Zuflucht und einer Sicherung ihrer Zukunft bedürftigen Kindern. Es mag vorkommen, daß einmal die Stimme des Blutes den Annehmenden verleitet, in irgendeiner Hinsicht das eigene Kind dem angenommenen vorzuziehen. Eine solche Bevorzugung muß das angenommene Kind hinnehmen in dankbarer Anerkennung, daß ihm überhaupt eine gute Pflege und Erziehung aus freiwilligem Entschlusse gewährt wird. Dazu kommt, daß gerade auch für das angenommene Kind die Pflege und Erziehung als einziges Kind die große Gefahr einer Verwöhnung bedeutet. Es wird eine glücklichere Kindheit in Gemeinschaft mit den ehelichen Kindern des Annehmenden verbringen. Schließlich wird der eigene Kinder besitzende Annehmende häufig auf Grund seiner Erfahrungen mit ihnen ein besserer Erzieher des Angenommenen sein als der bis zur Annahme Kinderlose. Einen kleinen Fortschritt in dieser Hinsicht bedeutet das Gesetz zur Erleichterung der Annahme an Kindes Statt vom 8. 8. 1950 (BGBl. I S. 356). Danach kann das Amtsgericht die Voraussetzung des § 1741, daß der Annehmende keine Kinder hat, ausschalten. Der ängstliche Gesetzgeber

---

135) Geiger S. 48 und 63, Schröder S. 70, Kipp S. 393 ev. Kirche S. 308. Leichtere Bedingungen als in Deutschland in der Schweiz (ZGB. Art. 264), Österreich (Teilnovelle zum BGB. von 1914 § 18) und Frankreich (Gesetz vom 19. 6. 1923), DJT. 21, S. 160 V.

136) Im Hinblick auf § 1705 nicht unstreitig. Siehe Staudinger 1913 Anm. 1 a Abs. 3 zu § 1741.

137) RGR. Erl. Buch in der Vorbemerkung zu den §§ 1741 ff. ist der Meinung, daß die unbeschränkte Zulassung der Annahme an Kindesstatt der Eheschließung nicht förderlich sein würde – m. E. ein ganz ungerechtfertigtes Bedenken.

hat dem Richter aber bestimmte Richtlinien gegeben, die jeder vernünftige Richter sich selbst geschaffen hätte. Diese m. E. unangebrachte Ängstlichkeit hat auch dazu geführt, daß die Geltung des Gesetzes zunächst auf die Zeit bis zum Ende 1952 und durch Gesetz von 14. 2. 1953 bis Ende 1955 beschränkt ist. Offensichtlich soll es nur die Not der Flüchtlingskinder mildern, aber nicht überhaupt und endgültig die Annahme an Kindes Statt erleichtern.

M. E. ist daher die Voraussetzung, daß keine eigenen Kinder des Annehmenden leben dürfen, zu beseitigen. Zu beseitigen ist m. E. auch jede Altersgrenze und jede Forderung eines erheblichen Altersunterschiedes. Warum soll nicht z. B. ein jung verheirateter Mann von 25 Jahren, dem seine Frau bereits ein Kind geschenkt hat und der in guten wirtschaftlichen Verhältnissen lebt, ein verwaistes 12jähriges Flüchtlingskind annehmen dürfen? Es bedarf dann allerdings einer Umgestaltung des § 1754 BGB. im Sinne des für die Ehelichkeitserklärung geltenden § 1734 BGB., d. h. es muß im freien Ermessen des Vormundschaftsrichters stehen, ob er den Annahmevertrag bestätigt oder nicht. Er hat dabei nur das Wohl des Kindes, das angenommen werden soll, zu berücksichtigen. Da sich heute das öffentliche Interesse auf eine Versorgung möglichst vieler Flüchtlings- und Waisenkinder beschränkt, ist die vom Nationalsozialismus eingeführte Umgestaltung des § 1754 BGB. zu beseitigen[138]. Es bedarf nur im Abs. II S.2 eines Zusatzes, der die Möglichkeit der Ablehnung, wenn die Annahme den Belangen des Kindes nicht entspricht, gibt. Wir dürfen unseren Vormundschaftsrichtern diese Ermessensfreiheit anvertrauen.

Unzweckmäßig ist es m. E., daß nach § 1747 die Annahme eines minderjährigen Kindes – abgesehen von der seltenen Ausnahme des § 1747 Satz 2, § 1746 II – unter allen Umständen von der Einwilligung der Mutter abhängig ist. Nicht selten ist die Mutter des unehelichen Kindes zur Pflege und Erziehung des Kindes völlig ungeeignet. Oder sie lebt in so dürftigen Verhältnissen oder in sittlicher Hinsicht so unerfreulicher Umgebung, daß das Kind in ihrer Hand nicht gut gedeihen kann. Manchmal ist für sie ihr Recht auf Weigerung der Zustimmung nur ein Mittel, um irgendeine Abfindung für sich dem Annehmenden abzupressen. In vielen Fällen ist die Versorgung des U. durch die Mutter mangelhaft, aber doch nicht so schlecht, daß ihr gemäß § 1666 BGB. oder § 63 I Ziff. 2 JWG. die Sorge für das Kind genommen werden könnte. Die Annahme an Kindes Statt ist dann die Befreiung des Kindes aus einer erheblichen Gefährdung seiner Entwicklung. M. E. muß der § 1727 BGB. auch für die Annahme an Kindes Statt insofern gelten, daß unabhängig von einem Antrage des Kindes die Einwilligung der Mutter nicht erforderlich ist, wenn das Unterbleiben der Annahme für das Kind einen unverhältnismäßigen Nachteil bedeuten würde. Diese Beschneidung der Mutterrechte ist allerdings nur bei U.'s gerechtfertigt, weil ihnen die Annahme an Kindes Statt einen besonders wertvollen Vorteil, nämlich die Stellung eines ehelichen Kindes verschafft (§ 1757 BGB.). Eheleuten, aber auch einem alleinstehenden Elternteil muß die Freiheit der Bestimmung über das Schicksal ihrer ehelichen Kinder erhalten bleiben.

---

[138]) Wie es, abgesehen von Abs. 2 Ziff. 2, für das englische Besatzungsgebiet durch VO. v. 12. 3. 48 (Verordn. Bl. f. d. Brit. Z. S. 71) bereits geschehen ist.

VIII. Verfahrensvorschriften.

Der Hebung der Stellung des U., aber auch dessen wirtschaftlicher Sicherung dient eine möglichst frühe und möglichst zuverlässige Feststellung des Erzeugers und der Verpflichtungen des Erzeugers. Nur eine sorgfältige Feststellung von Amts wegen rechtfertigt, daß das Kind den Namen seines Erzeugers und ein Erbrecht nach dem Erzeuger erhält[139]).

Es ist z. B. wünschenswert, daß der Standesbeamte bei der Eintragung der ihm eben gemeldeten Geburt bereits als Familiennamen des Kindes den Namen des Erzeugers eintragen kann. Ich halte folgende Mittel für angebracht:

1. Jede unverheiratete Frau, die auch zurzeit der Empfängnis unverheiratet war, jeder Arzt, jede Hebamme, jeder Heilgehilfe und jeder Leiter einer Mütterberatungsstelle hat, sobald eine Schwangerschaft der unverheirateten Frau angenommen werden muß, hiervon das Jugendamt und das Amtsgericht zu unterrichten[140]). Die Vernachlässigung dieser Pflicht ist mit einer Geldbuße oder Haft zu bestrafen.

2. Wie in Skandinavien[141]) muß die unverheiratete Frau als Schwangere und als uneheliche Mutter verpflichtet sein, den wirklichen Erzeuger ihres Kindes zu nennen – vorausgesetzt natürlich, daß ihr Verkehr mit mehreren Männern ihr eine solche Angabe nicht unmöglich macht. – Sie muß auch angeben, weshalb der von ihr genannte Mann nach ihrer Meinung der Schwängerer ist. Diese Angaben stehen einer Zeugenaussage gleich, deren Beeidigung dann das Gericht beschließen kann[142]). Das Zeugniszwangsverfahren gemäß § 390 ZPO. muß mit der Änderung anwendbar sein, daß die Haft von keinem Antrage eines Beteiligten abhängig ist. Das Recht zur Verweigerung der Aussage darf der Mutter nur zustehen, wenn die Aussage für sie die Gefahr einer strafrechtlichen Verfolgung wegen Blutschande (nicht etwa wegen Ehebruches) mit sich bringt[143]). Die gleiche Aussagepflicht besteht auch für jeden anderen Beteiligten. Es ist zweckmäßig, daß ihm auch dann die Stellung eines Zeugen gegeben wird, wenn er als Erzeuger des U. in Betracht kommt. Sein Aussageverweigerungsrecht muß

---

[139]) Ebenso Fallmann als Berichterstatter auf dem DJT. 21, dessen auf Anerkennung des Erbrechtes gerichteter Vorschlag von der Versammlung abgelehnt wurde (S. 163 u. 183).

[140]) Ähnliche Bestimmungen bestehen in Norwegen und Schweden. (S. Tomforde 121, 183.) Dort braucht die Anzeige allerdings erst 3 Monate vor der Geburt zu erfolgen. Es ist nicht einzusehen, warum die Anzeige nicht so früh wie möglich erfolgen soll. Abgesehen davon ist der Zeitpunkt von 3 Monaten vor der Geburt unsicher (Frühgeburt!). Ein Irrtum kann der Schwangeren nicht zur Last fallen. Ebenso Geiger S. 192.

[141]) S. Tomforde 52: Norwegen S. 5, Dänemark S. 4, Schweden S. 6. Ebenso Elisabeth Zillken S. 95/96, Doerner aaO.

[142]) Auf dem DJT. 21, S. 1383 beantragte OA-Richter Dr. Erlanger-Hamburg, die Mutter nicht mehr als Zeugin sondern nur als Partei zu hören. Der Antrag ist m. E. mit Recht abgelehnt. Er entspringt einer unangebrachten Wehleidigkeit gegenüber der Mutter.

[143]) Geiger (S. 165, 192, 217) schlägt zur Förderung der Aussagewilligkeit der Mutter für den Fall der Aussageweigerung oder falscher Angaben vor: eine durch besondere Gesetzesbestimmung begründete Schadensersatzpflicht und die Entziehung des Sorgerechtes. Solche Mittel sind m. E. übertrieben.

allerdings auf die Umstände erstreckt werden, die ihn der Gefahr eines Strafverfahrens aus den §§ 173–179 des Strafgesetzbuches aussetzen.

3. Das Vormundschaftsgericht leitet sofort, nachdem es von der Schwangerschaft erfahren hat, also schon vor der Geburt des Kindes, ein Ermittelungs- und Feststellungsverfahren der Freiwilligen Gerichtsbarkeit ein, das mit der Entscheidung endet, ob der Erzeuger feststellbar ist und, falls er feststellbar ist, wer der Erzeuger ist. In diesem Verfahren sind das Jugendamt und die Polizei um Auskunft über die Lebensführung der werdenden Mutter und den vermutlichen Erzeuger zu ersuchen. Dann sind die Schwangere und der von ihr angegebene angebliche Erzeuger und alle in Betracht kommenden Zeugen zu vernehmen. Diese Beweisaufnahme hat sich von Amts wegen nicht nur auf alle Einwendungen der Schwangeren und jedes als Erzeuger in Betracht kommenden Mannes, sondern auch auf alle anderen Umstände zu erstrecken, die sich aus Auskünften und Aussagen ergeben[144]). Vor der Geburt des Kindes kann das Verfahren allerdings nur zum Abschlusse kommen, wenn die Beweisaufnahme einwandfrei die Ausschließlichkeit des Verkehrs der Schwangeren mit dem angeblichen Schwängerer ergibt. Andernfalls muß das Gericht das Verfahren aussetzen:

a) bis unmittelbar nach der Geburt. Dann können Blutgruppenuntersuchungen vorgenommen werden. Es besteht auch dann erst volle Klarheit über die Empfängniszeit;
b) mindestens bis zur Vollendung des 2. Lebensjahres des Kindes, weil dann frühestens die Prüfung auf Gemeinsamkeit von Erbmerkmalen des Kindes mit Erbmerkmalen derjenigen Männer, von denen einer der Erzeuger sein muß, stattfinden kann.

4. Mit der Feststellung des Erzeugers hat das Amtsgericht auch über die Höhe der Unterhaltsleistungen des Erzeugers und der Mutter zu erkennen. Ihm stehen auch alle späteren Entscheidungen über Unterhaltsleistungen und über Änderungen der Leistungen im Sinne des § 323 ZPO. zu. Die Entscheidung des Vormundschaftsgerichtes erfolgt durch Beschluß. Dessen Bedeutung erfordert die Anwendbarkeit der §§ 580–584 ZPO. in einer dem Amtsverfahren der Freiwilligen Gerichtsbarkeit angepaßten Form.

5. Der § 170b StGB. ist m. E. in der Weise zu vereinfachen, daß der Zwischensatz: „so daß der Lebensbedarf des Unterhaltsberechtigten gefährdet ist oder ohne öffentliche Hilfe oder die Hilfe anderer gefährdet wäre" wegfällt. So gut wie in jedem Falle wäre die Versorgung von Unterhaltsberechtigten gefährdet, wenn nicht an Stelle des Vernachlässigers seiner Unterhaltspflicht andere für den Berechtigten sorgten. Eine Ausnahme bildet nach geltendem Rechte der Fall, daß der U. schon vor seinem 16. Lebensjahre ausreichendes Vermögen oder Einkommen aus eigener Arbeit hat. Für E. und Erwachsene fällt die Unterhaltspflicht in diesem Falle weg. Nach meinem Vorschlage (s. oben S. 33) besteht auch dann keine Pflicht zur Unterhaltung des U., wenn es von den Erträgen eines eigenen Vermögens leben kann. Es bleibt nur der seltene Fall übrig, daß der U. vor Vollendung des 16. Lebensjahres oder während einer Berufsausbildung seinen vollen Unterhalt aus dem Entgelt für eigene Arbeit bestreitet. Um

---

[144]) Beweisermittlungen von amtswegen in Dänemark, Norwegen und Portugal (Geiger S. 217), Tomforde 52: Dänemark S. 2, Norwegen S. 1.

auch für diesen Fall eine Sicherung zugunsten des Verpflichteten zu schaffen, mag nur Verletzung der Unterhaltspflicht aus bösem Willen eine Bestrafung zur Folge haben können. Man wird von Böswilligkeit nicht sprechen können, wenn der U. ohne Beeinträchtigung seiner Gesundheit, seiner Berufsvorbereitung und der Entwicklung seiner Persönlichkeit durch Arbeiten ein für seinen Unterhalt durchaus ausreichendes Einkommen hat, während der Verpflichter nur unter erheblicher Einschränkung seiner Lebenshaltung und seiner anderen Verpflichtungen die Unterhaltsbeträge aufzubringen vermag. Übrigens handelt es sich nicht um die „Gefährdung des Lebensbedarfes", sondern um eine „Gefährdung der Deckung des Lebensbedarfes".

In den Fällen böswilliger Verletzung der Unterhaltspflicht ist es ein sehr wirksames Abwehrmittel, für den Verletzer die Möglichkeit eines Arbeitszwanges zu schaffen, wie er im § 362 StGB. für andere Fälle vorgesehen ist, bis er seiner Unterhaltspflicht nachgekommen ist.

Die Dauer des Aufenthaltes im Arbeitshause muß das Strafgericht bestimmen, weil im Rechtsstaate Freiheitsentziehungen ausschließlich unabhängigen Gerichten obliegen müssen[145]).

Der frühe Beginn der Nachforschungen nach dem Erzeuger hat nicht nur den Vorteil, daß in einem Teile der Fälle schon zurzeit der Geburt und in vielen Fällen kurz nach der Geburt der Erzeuger des U. feststeht, sondern auch den Vorteil einer größeren Sicherheit für ein richtiges Ergebnis. Die Beteiligten sind vor der Geburt des Kindes noch nicht oder doch nicht in dem Maße beeinflußt wie nach der Geburt. Sie haben häufiger als später denselben Aufenthaltsort wie zurzeit der Empfängnis des U. Die Erinnerung aller Beteiligten ist ungetrübter als später. Die Benachrichtigung des Jugendamtes hat außerdem den Vorteil, daß sich eine Jugendpflegerin schon sehr früh der werdenden Mutter annehmen und um ihr leibliches Wohl und vor allem ihr seelisches Befinden bekümmern kann. Die Pflegerin kann die Einstellung der Schwangeren zu ihrem Zustande und zu ihrem Kinde von Grund auf ändern, und sie unter Hinweis auf die Fürsorge für das Kind dazu bringen, ihre Lage als uneheliche Mutter in einem freundlicheren Lichte zu sehen. Sie kann Angehörige der Schwangeren unterrichten und von Vorurteilen und der Ablehnung von Mutter und Kind heilen. Die Schwangere wird auf diese Weise vor Selbstmord, Abtreibung und Kindesmord bewahrt[146]). Sie sieht mit viel mehr Mut und Zuversicht der Geburt entgegen.

Die Pflicht der Ärzte, Hebammen usw., die Schwangerschaft mitzuteilen, schließt allerdings die Gefahr in sich, daß eine Schwangere den Weg zu der richtigen Stelle für Rat und Hilfe oft nicht oder zu spät wagt. Sie weiß, daß sie sich damit auch die Möglichkeit, das Kind zu beseitigen, fast abschneidet. Diese Gefahr ist schon heute geringer, weil eine uneheliche Schwangerschaft heute nicht mehr wie früher eine Schande ist. Abgesehen

[145]) In dem von den USA besetzten Gebiete Westdeutschlands ist der Polizei diese Befugnis allgemein abgesprochen. Zwangshaft ist eingeführt in Norwegen (Tomforde 52 S. 6/7), in Dänemark (Tomforde 52 S. 5), seit 1947 in den Niederlanden (Tomforde 52 S. 5), seit 1949 in Schweden (Tomforde 52 S. 6).

[146]) Über den Umfang von Abtreibungen und das Absinken der Bevölkerungsziffer Schröder S. 9—11.

davon wird die Schwangere die Scheu vor der Beratung durch geeignete Kräfte überwinden können aus dem Bewußtsein, daß die Anzeige ihrer Schwangerschaft zu Schritten führt, die die Zukunft ihres Kindes zu sichern geeignet sind.

Die Verstärkung der Stellung des U. gegenüber dem Erzeuger machen die eingehendsten Ermittelungen zur Feststellung des wirklichen Erzeugers zur Notwendigkeit. Es genügt also nicht, daß der Richter sich in einem Rechtsstreite nur auf Behauptungen der Mutter und des angeblichen Erzeugers stützt. Auch die Erklärung eines vielleicht sehr harmlosen Beischläfers oder irgendeines vom Erzeuger bestochenen Mannes, nach seiner Überzeugung stamme das Kind von ihm, darf der Richter nicht ohne weiteres hinnehmen. Erkundigungen nach dessen Ruf und Eigenart werden oft zweckmäßig sein. Deshalb muß auch die Mutter verpflichtet sein, über die wahre Herkunft ihres Kindes auszusagen. Es ist kein Vorteil für das Kind, wenn der angesehene, verheiratete und vielleicht wohlhabende Erzeuger der Mutter ein hohes Schweigegeld zahlt und hohe Unterhaltsbeträge aufwendet, damit die Mutter seine Vaterschaft verschweigt. Die Mutter, die nach Meinung ihrer Umwelt einen Vater nicht angeben kann, verliert an Ansehen. Noch größer ist die Mißachtung des U., das nicht einmal seinen Vater nennen kann und nicht dessen Namen trägt. Gewiß ist die Nennung des Erzeugers (z. B. wenn er verheiratet ist) oft eine schwere Pflicht für die Mutter, deren Ablehnung verständlich und entschuldbar ist. Die Belange des Kindes sind aber wichtiger als solche Beschwerung der Mutter mit einer unangenehmen Pflicht. Auch in einem Rechtsstreit mit einem Gegenstand ganz anderer Art kann die Zeugenpflicht zu großer sittlicher Bedrängnis des Zeugen führen[147]).

Die Vollstreckung der Unterhaltsentscheidungen wird etwas mehr Arbeit machen, wenn auch die Mutter unterhaltspflichtig ist. Ich halte es daher für angebracht, daß sowohl die Jugendämter als auch die Amtsgerichte den gesetzlichen Auftrag erhalten, den Inhabern der Gewalt über das U. zu helfen und auch für sie Erkundigungen über Vollstreckungsmöglichkeiten bei dem Unterhaltsschuldner einzuziehen[148]). Aber trotzdem wird die Vollstreckung gegen Erzeuger oder Mütter von U. immer dann schwierig bleiben, wenn sie sich durch häufigen Wechsel des Arbeitsplatzes oder des Wohnortes oder auf andere Weise der Vollstreckung entziehen. Dann ist der Schuldner gemäß § 170b StrGB. zu bestrafen und nötigenfalls in ein Arbeitshaus einzuweisen[149]).

[147]) Elisabeth Zillken (S. 97) hält die Ausagepflicht der Mutter für „unerträglich".

[148]) Der Vorschlag des Reichstagsausschusses für Bevölkerungspolitik von 1917, die Beitreibung von Unterhaltsbeiträgen dadurch zu beschleunigen, daß die Beträge in einem Verfahren beigetrieben werden, das dem Verfahren zur Beitreibung öffentlicher Abgaben ähnlich ist (Rühle S. 84, 85), hat offenbar nichts anderes zum Ziele, als die Mutter des U. oder dessen Vormund von den manchmal schwierigen Aufgaben der Vollstreckung zu befreien und die Zwangsvollstreckung zu einer Angelegenheit einer Behörde zu machen, die auf Grund reicher Erfahrungen die Vollstreckung von Amts wegen durchführt

[149]) Vorschlag Geiger S. 310. In Dänemark ist Zwangsarbeit für zahlungsunwillige Erzeuger eingeführt.

Geiger[150]) schlägt vor, dem Vormundschaftsrichter den Versuch der Ermittelung des Erzeugers, aber nicht die Entscheidung über die Pflicht zur Zahlung von Unterhalt zu überlassen. Diese Entscheidung soll wie bisher in einem Rechtsstreite erfolgen. Ich halte es für richtiger, daß der Richter, der den besten Überblick über die Sachlage durch seine Ermittelungsversuche erlangt hat, auch alle Entscheidungen fällt. Die Teilung des Verfahrens bringt nur Verlust an Zeit und Arbeitsaufwand.

Das Verfahren der Freiwilligen Gerichtsbarkeit, in dem von Amts wegen alle Ermittelungen und Feststellungen vorgenommen werden, hat m. E. den großen Vorteil, daß es advokatorischen Behauptungen und Verschleppungsversuchen viel weniger ausgesetzt ist als das Streitverfahren. Im übrigen muß das Verfahren frei von Kosten sein. Das U. ist fast immer völlig mittellos. Schon deshalb hat es keinen Sinn, es zur Zahlung von Gebühren zu verpflichten. Ihm Kosten, insbesondere größere Kosten einer Beweisaufnahme aufzubürden, ist ungerechtfertigt, weil sie meistens durch die Unaufrichtigkeit anderer Beteiligter entstehen. Andererseits würde die gerechte Verteilung von Kosten auf andere Beteiligte die größten Schwierigkeiten machen. Diese Kostenfreiheit ergibt sich aus dem § 84 Reichskostenordnung für die Entscheidungen, die die Feststellung des Vaters und die Unterhaltspflicht im allgemeinen zum Gegenstande haben. Für andere Entscheidungen des Vormundschaftsgerichtes, die das uneheliche Kind betreffen (z. B. §§ 87 I Ziff. 1 u. 3, 88 Ziff. 1, 3 u. 4, 91 I RKO.) ist die Freigrenze der §§ 89 und 91 IV RKO. so hoch, daß eine besondere Regelung sich nicht lohnt. Dasselbe gilt für die Beschwerdegebühren des § 123 gemäß § 123 III. Nur im § 122 (Zurückweisung und Zurücknahme von Anträgen) bedarf es einer Ergänzung zugunsten des unehelichen Kindes. Angebracht ist es allerdings, daß in Anlehnung an Art. 9 Abs. 1 des Pr. Gesetzes über die Freiwillige Gerichtsbarkeit vom 21. 9. 1899 (Ges.-Sammlung S. 249) jeder Beteiligte durch unbegründete Anträge oder durch seine grobe Schuld verursachte besondere Kosten erstatten muß. Solche grobe Schuld ist vor allem die Benennung von Beweismitteln, deren Unbrauchbarkeit der Beteiligte kennt.

IX. Einführung in den Anhang.

Die Anlage enthält einen Entwurf aller Änderungen und Ergänzungen der die Rechtsstellung des unehelichen Kindes berührenden Gesetze, die bei einer Verwirklichung meiner Vorschläge notwendig wären. Über die Fassung und vor allem darüber, wo die Neuerungen einzufügen sind, kann man sehr im Zweifel sein.

Ein besonderes Gesetz über das Recht des unehelichen Kindes halte ich nicht für erforderlich und nicht für angebracht. Es müßte doch auf viele weiter geltende Bestimmungen hinweisen. Vor allem ist durch die Verquickung der Bestimmungen für das uneheliche Kind mit denjenigen für das eheliche Kind auszudrücken, daß sich in Zukunft beide der gleichen wohlwollenden Fürsorge des Staates erfreuen.

---

[150]) Seite 217.

C. Anhang

Entwurf von Gesetzesbestimmungen entsprechend meinen Vorschlägen

§§ = Bezeichnung	I. für das BGB.	Behandelte Seite:
§ 1589 II	fällt weg.	24, 25
	Hinter § 1600 ist ein neuer dritter Titel einzufügen mit folgender Überschrift: „Dritter Titel: Uneheliche Abstammung“ mit folgenden §§ 1600a und 1600b.	
§ 1600a	§ 1600a (Wortlaut des § 1705): „Das uneheliche Kind hat im Verhältnisse zu der Mutter und zu den Verwandten der Mutter die rechtliche Stellung eines ehelichen Kindes.“	
§ 1600b	§ 1600b (neu):	17ff,22
	I. Vater eines unehelichen Kindes ist: a) der Mann, der als einziger innerhalb der Empfängniszeit der Mutter des Kindes beigewohnt hat; b) derjenige von mehreren Beischläfern der Mutter in der Empfängniszeit, der allen Umständen nach offenbar der Erzeuger des Kindes ist.	
	II. Für die Berechnung der Empfängniszeit gilt der § 1592 mit Ausnahme der Worte des zweiten Absatzes: „zugunsten der Ehelichkeit des Kindes.“	23
	III. Das Vormundschaftsgericht hat, sobald es von der Schwangerschaft einer unverheirateten Frau, die auch in der Empfängniszeit nicht verheiratet war, oder der Geburt eines unehelichen Kindes erfährt, festzustellen, wer der Vater des Kindes ist. Seine Entscheidung darüber, wer der Vater ist, oder daß der Vater nicht feststellbar ist, ist für die rechtliche Stellung des Kindes maßgebend.	44/45
vor § 1601	In der Überschrift tritt an die Stelle des Wortes: „Dritter“ das Wort: „Vierter“.	
§ 1602	Abs. 2: Zwischen dem Worte „unverheiratetes“ und „Kind“ wird das Wort „eheliches“ eingefügt.	29ff,34
§ 1602	Neuer Absatz III: Die Regel des Absatzes 2 gilt auch für die Unterhaltspflichten der Mutter und des Vaters gegenüber ihrem un-	29ff

§§ Seite

ehelichen Kinde mit der Erweiterung, daß die Unterhaltspflicht durch ein Einkommen des Kindes aus eigener Arbeit nicht berührt wird. Andererseits hat der Vater dem unehelichen Kinde im allgemeinen Unterhalt nur so lange zu gewähren, bis es das 16. Lebensjahr vollendet hat. Befindet sich das Kind zu dieser Zeit auf einer Schule oder in der Ausbildung für einen Beruf, so hat ihm auch der Vater Unterhalt bis zur Beendigung des Schulbesuches oder der Ausbildung zu gewähren. Schließt sich an einen Schulbesuch, der die Vollendung des 16. Lebensjahres überdauert, eine Berufsausbildung an, so bleibt die Unterhaltspflicht auch während dieser Ausbildung bestehen. Die Pflicht, bei der Unterhaltung des arbeitsfähigen unehelichen Kindes mitzuwirken, endet in allen Fällen dann, wenn das Kind das 21. Lebensjahr vollendet hat. 33 31-33 33

§ 1603 Dem Absatz 2 wird folgender dritter Satz angefügt: 30 f

„Diese Bestimmung findet entsprechende Anwendung auf den Vater und die Mutter eines unehelichen Kindes.“

§ 1606 a) Neuer Absatz III: 30

Das minderjährige uneheliche Kind kann den Unterhalt je zur Hälfte von seinem Vater und seiner Mutter verlangen, wenn es von keinem von beiden verpflegt und erzogen wird. Versorgt einer von beiden das Kind, so trägt der Versorger nur ein Drittel, der Nichtversorger aber zwei Drittel des Unterhaltes. Soweit einer von beiden seinen Beitrag zum Unterhalte nicht leisten kann, hat der andere den Ausfall zu decken.“

6. Neuer Absatz IV: 37/38

„Die Unterhaltspflicht des unehelichen Kindes gegenüber seinem Vater beschränkt sich auf die Hälfte derjenigen Unterhaltsleistungen, die ein eheliches Kind aufzubringen hat:

a) wenn unterhaltspflichtige eheliche Kinder vorhanden sind;

b) wenn zwar keine ehelichen Kinder, aber unterhaltsfähige Vorfahren des Vaters vorhanden sind. Diese Vorfahren sind hinsichtlich der einen Hälfte der Unterhaltsleistungen neben dem unehelichen Kinde unterhaltspflichtig.“

c) Neuer Absatz V: 37/38

„Diese Beschränkung der Unterhaltspflicht des unehelichen Kindes fällt weg, wenn das uneheliche Kind sechs Jahre lang in dem Haushalte des Vaters wie ein Familienmitglied versorgt und behandelt worden ist. War das Kind in einer Bildungsanstalt untergebracht, so genügt es, wenn es sechs Jahre lang in den Zeiten, in denen es sich nicht in der Anstalt aufhielt, insbesondere in den Ferien im wesentlichen im Haushalte des Vaters gelebt hat.

§ 1610 a) Im Absatze 1 sind zwischen „sich" und „nach" die Worte einzufügen: „ausgenommen den Unterhalt des unehelichen Kindes." 34/35

b) Der Absatz 2 wird zum Absatz 3.

c) Neuer Absatz 2:

„Ihrem unehelichen Kinde haben sowohl der Vater wie die Mutter Unterhalt in einem Umfange zu gewähren, der eine einfache und gesunde, dem Wesen des Kindes entsprechende Pflege und Erziehung sichert. Über dieses Maß hinaus hat derjenige Elternteil Aufwendungen für das Kind zu machen, der hierzu ohne Schmälerung seiner eigenen Bedürfnisse und anderer Unterhaltspflichten imstande ist. Sind beide Eltern zu größeren Leistungen in der Lage, so sind bei der Bemessung ihrer Mehrleistungen der Anteil eines jeden an der Unterhaltspflicht und das Maß der Leistungsfähigkeit eines jeden zu berücksichtigen. Die Mehrleistungen dürfen insgesamt nicht dazu führen, daß das Kind mehr erhält, als ein eheliches Kind des leistungsfähigsten Elternteiles beanspruchen könnte. 34/35

§ 1612 a) Im Absatz I werden folgende Sätze hinzugefügt: 35

„Insbesondere kann das Vormundschaftsgericht demjenigen Elternteile eines unehelichen Kindes, der das Kind nicht versorgt und nicht die Gewalt über das Kind hat, erlauben, seine Unterhaltsbeiträge oder Teile von ihnen nicht an den Gewaltinhaber über das Kind sondern an einen Dritten zu zahlen, der die Versorgung oder die Ausbildung des Kindes für die Dauer oder vorübergehend übernommen hat (Schulleiter, Leiter von Ferienheimen, Krankenhäusern, anderen Anstalten usw.). Das Gericht kann die Erlaubnis von Bedingungen abhängig machen und jederzeit widerrufen."

b) Absatz II wird Absatz III, Absatz III wird Absatz IV.

c) Folgender neuer Absatz II:

„Erfordert die Versorgung eines unehelichen Kindes, insbesondere dessen Heilung von einer Krankheit oder dessen Ausbildung gelegentlich einen besonderen Aufwand, der aus den regelmäßigen Einnahmen des Kindes nicht bestritten werden kann, so haben die zu dem Unterhalte des Kindes Verpflichteten die Kosten dieses Aufwandes im Verhältnisse zu ihrer Beteiligung an dem Unterhalte des Kindes aufzubringen. 36

§§ | Seite

d) In dem Absatze III (früher II) wird zwischen den Worten „einem“ und „unverheirateten“ das Wort „ehelichen“ eingefügt.

§ 1614 Dem Absatze I werden folgende Sätze hinzugefügt (§ 1714): 15/16

„Eine Vereinbarung zwischen dem Vater und seinem unehelichen Kinde über eine an die Stelle des Unterhaltes tretende Abfindung ist jedoch zulässig. Sie bedarf der Genehmigung des Vormundschaftsgerichtes wie auch jede andere Abrede zwischen dem Vater und dem unehelichen Kinde über den Unterhalt für die Zukunft. Ein unentgeltlicher Verzicht des unehelichen Kindes auf den Unterhalt für die Zukunft ist nichtig.“

§ 1615 Der Absatz II erhält folgenden zweiten Satz: 37

„Ist der Berechtigte ein uneheliches Kind, so trägt der unterhaltspflichtige Vater die eine Hälfte und die unterhaltspflichtige Mutter die andere Hälfte der Kosten.“

§ 1615a N e u e r P a r a g r a p h : 16,17,

„Über alle Ansprüche des unehelichen Kindes als solchen und deren Gestaltung entscheidet das Vormundschaftsgericht durch Beschluß.“ 22, 45

§ 1616 Zwischen dem Worte „das“ und „Kind“ wird das Wort „eheliche“ eingefügt.

Vor § 1616 Die Überschrift lautet: „Fünfter Titel. Rechtliche Stellung der Kinder.“

Neuer § 1616a I. „Das uneheliche Kind trägt den Familiennamen der Mutter, und zwar wenn sie verheiratet ist oder sich später verheiratet, den Namen, den sie vor ihrer ersten Ehe geführt hat. Sobald rechtskräftig feststeht, wer der Vater des Kindes ist, erhält es den Familiennamen des Vaters.“ 27 ff

II. „Das den Familiennamen des Vaters führende Kind kann von der Vollendung seines 18. bis zur Vollendung seines 20. Lebensjahres dem Standesamte erklären, daß es den Familiennamen seiner Mutter führen wolle. Es kann diese Erklärung nicht widerrufen.“ 28

III. Der Mann der Mutter kann durch eine Erklärung gegenüber dem Standesbeamten dem Kinde mit der Einwilligung der Mutter, des Vaters und, sobald es das 14. Lebensjahr vollendet hat, des Kindes selbst seinen Namen erteilen. Die Erklärung des Mannes sowie die Einwilligung der Mutter, des Vaters und des Kindes bedürfen der öffentlich beglaubigten Schriftform.“ 28/29

IV. „Das Kind gibt die in den Absätzen II und III vorgesehenen Erklärungen ohne die Mitwirkung seines gesetzlichen Vertreters ab.“

§ 1617, Beiden §§ werden gleichlautende Absätze II angefügt:

§§		Seite
§ 1618	„Dasselbe gilt für das uneheliche Kind, das dem Haushalte seines Vaters oder seiner Mutter angehört.“	
§ 1620– § 1623	fallen weg.	
§ 1626	Die Bestimmung erhält an Stelle der alten folgende Fassung: „Jedes minderjährige Kind steht im allgemeinen unter der Gewalt seiner Eltern, wenn es ehelich ist und beide Eltern leben; seiner Mutter allein, wenn 1. der eheliche Vater nicht mehr lebt oder für tot erklärt ist; 2. der Vater die elterliche Gewalt verwirkt hat; 3. das Kind unehelich ist.	14 ff
	Im Falle der Todeserklärung beginnt die Alleingewalt der Mutter mit dem Zeitpunkte, der als die Zeit des Todes des Vaters gilt.	
	Die Gewalt über das uneheliche Kind kann das Vormundschaftsgericht auf den Antrag des Vaters und mit Zustimmung der Mutter auf den Vater übertragen. Die Mutter hat dann die Stellung einer ehelichen Mutter.	16, 26/27
§ 1684	fällt weg.	
Neuer § 1686a	„Versorgt und erzieht die Mutter oder ein Dritter das uneheliche Kind, so hat der Vater ein Recht auf Umgang mit dem Kinde, wenn er nicht böswillig seine Pflichten gegenüber dem Kinde verletzt oder das Zusammensein mit dem Kinde zum Schaden des Kindes oder der Mutter mißbraucht. Können sich der Vater und die Mutter über die Art und den Umfang des Umganges nicht einigen, so regelt das Vormundschaftsgericht den Umgang.“	29
Vor § 1705	Die Überschrift vor § 1705: „VI. Titel, Rechtliche Stellung des unehelichen Kindes„ fällt weg.	24ff,48
§ 1705– § 1714	fallen weg.	
§ 1715. u. § 1716	An die Stelle der §§ 1715 und 1716 tritt folgender neuer § 1715: „Der außereheliche Schwängerer hat die Geschwängerte und nach der Geburt Mutter seines unehelichen Kindes von dem Beginn der Schwangerschaft an bis zur Beendigung der Ernährung des unehelichen Kindes mit der Milch der Mutter in dem gleichen Umfange zu unterhalten, wie sie ein Ehemann auf Grund des § 1361 BGB. unterhalten müßte, der in derselben Lebenslage wie sie aber von ihr getrennt lebt. Unter allen Umständen hat er die Hälfte der Kosten der Entbindung und anderer Aufwendungen, die infolge der Schwangerschaft oder der Geburt erforderlich waren, zu ersetzen.“	16/17

§§		Seite
	§ 1612 I gilt entsprechend.	
	Über alle diese Ansprüche entscheidet das Vormundschaftsgericht von Amts wegen. Es kann schon vor der Fälligkeit der Ansprüche und schon vor der Geburt des Kindes beschließen, daß der Erzeuger zur Sicherung der Erfüllung der Ansprüche angemessene Geldbeträge zugunsten der Mutter hinterlegt.	44
§ 1717 u. § 1718	fallen weg.	22/23
§ 1723	An die Stelle der Worte: „Durch eine Verfügung der Staatsgewalt" treten die Worte: „Durch einen Beschluß des Vormundschaftsgerichts."	41
§ 1726 II	Die Worte „der Behörde gegenüber", „bei welcher der Antrag einzureichen" fallen weg. Zwischen die Worte „oder" und „zu erfolgen" werden die Worte eingefügt: „Dem Vormundschaftsgericht gegenüber."	41
§ 1727	Folgende neue Fassung: „Trotz der Weigerung der Mutter, in die Ehelichkeitserklärung einzuwilligen, kann sie das Gericht beschließen, wenn ihre Ablehnung dem Kinde sehr nachteilig sein würde."	41
§ 1728	Im Absatz II fallen die Worte: „mit Genehmigung des Vormundschaftsgerichtes" weg.	41
§ 1729	Das Wort: „außer", das Komma vor diesem Wort, die Worte: „der Genehmigung des Vormundschaftsgerichtes" und das Komma vor diesen Worten fallen weg.	41
§ 1733	Im Absatz II treten an die Stelle der Worte: „der zuständigen Behörde" die Worte: „dem Vormundschaftsgericht".	41
§ 1735a	Im Absatz I treten an die Stelle der Worte: „Der Reichsminister der Justiz" die Worte: „Das Vormundschaftsgericht".	41
§ 1738	Der ganze § erhält folgende neue Fassung: „Durch die Ehelichkeitserklärung erlangt die Mutter gegenüber ihrem Kinde die Stellung der ehelichen Mutter."	41
§ 1739	fällt weg.	41
§ 1741	An die Stelle des jetzigen Wortlautes treten die Worte: „Ein Vertrag, durch den jemand einen anderen an Kindes Statt annimmt, bedarf der Bestätigung durch das Vormundschaftsgericht."	41 ff
§ 1744	fällt weg.	41-43
§ 1745	fällt weg.	
§ 1747	Neuer Satz III: „Weigert die Mutter eines unehelichen Kindes ihre Einwilligung, so kann das Gericht die Weigerung unbeachtet lassen, wenn die Annahme an Kindes Statt für das Kind in besonderem Maße vorteilhaft ist."	43

§§		Seite
§ 1748	In dem Absatz I tritt an die Stelle des Wortes: „Gerichte" das Wort: „Vormundschaftsgerichte".	
§ 1754	An die Stelle der alten Fassung des Abs. II tritt folgende Fassung: „Das Vormundschaftsgericht muß dem Annahmevertrage die Bestätigung versagen, wenn ein gesetzliches Erfordernis der Annahme an Kindes Statt fehlt. Es kann sie versagen, wenn Bedenken bestehen, ob die Annahme dem Wohle des Kindes dient." Der Absatz IV fällt weg.	43
§ 1773 Abs. 1	Folgende neue Fassung: „Ein Minderjähriger erhält einen Vormund, wenn er weder unter der Gewalt eines Vaters oder derjenigen einer Mutter steht, oder wenn keiner von beiden in den Angelegenheiten, die den Minderjährigen selbst oder dessen Vermögen betreffen, zur Vertretung des Minderjährigen berechtigt ist."	17
§ 1776 Abs. 1	Folgende neue Fassung: „Als Vormünder sind in nachstehender Reihenfolge berufen: 1. Wer von dem zuletzt verstorbenen Elternteil oder der unehelichen Mutter des Mündels als Vormund benannt ist; 2. derjenige Großelternteil, der hierfür am besten geeignet ist (vgl. § 1779 Abs. 2)."	17
§ 1776 Abs. 2	An die Stelle der Anfangsworte: „Die Großväter" treten die Worte: „Die Großeltern".	17
§ 1777 Abs. 1	An die Stelle der Anfangsworte: „Der Vater" treten die Worte: „Jeder Elternteil".	17
§ 1778 Abs. 3	Folgende neue Fassung: „Für einen Ehegatten darf der andere Ehegatte vor den nach § 1776 Berufenen, für ein volljähriges uneheliches Kind darf die Mutter vor dem Vater und dem Großvater zum Vormunde bestellt werden."	17
§ 1782 Abs. 1	Es fallen weg: 1. das Wort „ehelichen", 2. Satz 2.	17
§ 1852 Abs. 1	Folgende neue Fassung: „Der Vater und die Mutter können bei der Benennung eines Vormundes die Bestellung eines Gegenvormundes ausschließen."	17
§ 1852 Abs. 2	An die Stelle der Worte: a) im Satz 1: „Der Vater kann anordnen" treten die Worte: „Der Vater oder die Mutter kann anordnen". b) im Satz 2: „der Vater" treten die Worte: „der Vater oder die Mutter".	17 17

§§		Seite
§ 1855	fällt weg.	17
§ 1880 Abs. 1 Satz 1	An die Stelle der Worte: „Der Vater“ treten die Worte: „Der Vater oder die Mutter“.	
§ 1880 Abs. 1 Satz 2	fällt weg.	17
§ 1883 Abs. 1	An die Stelle der Worte: „Wird der Mündel durch nachfolgende Ehe legitimiert, so endigt die Vormundschaft erst dann“ treten die Worte: „Steht ein uneheliches Kind unter Vormundschaft und heiratet sein angeblicher Vater seine Mutter, so endet die Vormundschaft des Mündels erst dann, . . .“	17
§ 1899 Abs. 1	Neue Fassung: „Vor den Großeltern ist der Vater oder die Mutter als Vormund berufen.“	17
§ 1900 Abs. 1 Satz 1	An die Stelle der Worte: „vor den Eltern“ treten die Worte: „vor dem Vater und der Mutter.“	17
§ 1900 Abs. 1, Satz 2	fällt weg.	17
§ 1900 Abs. 2	fällt weg.	17
§ 1903	Folgende neue Fassung: „Wird der Vater oder die Mutter des Mündels zum Vormunde bestellt, so ist im allgemeinen ein Gegenvormund nicht zu bestellen. Dem Vormunde stehen die Befreiungen zu, die nach den §§ 1852–1854 angeordnet werden können. Das Vormundschaftsgericht kann die Befreiungen außer Kraft setzen, wenn sie das Interesse des Mündels gefährden. Diese Vorschriften finden keine Anwendung, wenn der zum Vormunde bestellte Vater oder die zum Vormunde bestellte Mutter im Falle der Minderjährigkeit des Mündels zur Vermögensverwaltung nicht berechtigt sein würden.“	17
§ 1904	Folgende neue Fassung: „Dem Vater oder der Mutter ist ein Gegenvormund zu bestellen, wenn der Vater oder die Mutter es beantragen; oder wenn die Voraussetzungen vorliegen, unter denen ihnen gemäß § 1687 Nr. 3 ein Beistand zu bestellen sein würde.“	17

§§		Seite
§§ 1845, 1855, 1858 Abs. 1, 1859 Abs. 2, 1861, 1863 Abs. 3, 1866 Ziff. 3, 1867	Überall fällt das Wort: „eheliche“ oder „ehelichen“ weg.	17
§ 1923a	Neuer §: „Abkömmlinge sind alle Nachkommen des Erblassers. Uneheliche Kinder sind auch ihres Vaters Abkömmlinge.“	25,38ff
§ 1924	Neuer Absatz V: „Das uneheliche Kind oder dessen Abkömmlinge erben von dem Vater des Kindes neben anderen Erben der ersten Ordnung, neben den Vorfahren des Erblassers oder neben dessen Ehefrau nur die Hälfte des Anteiles, der dem unehelichen Kinde als ehelichem Kinde des Erblassers zufallen würde, wenn das Kind nicht mindestens 6 Jahre lang mit dem Vater und, falls der Vater verheiratet gewesen ist, nicht mindestens 3 von diesen 6 Jahren auch mit dessen Frau in Hausgemeinschaft gelebt hat. In diesem Falle und dann, wenn weder andere Erben der ersten Ordnung, noch Vorfahren noch eine Ehefrau des Vaters vorhanden sind, erbt es in demselben Umfange wie ein eheliches Kind.“	39/40
§ 1925	Neuer Absatz IV: „Der Vater oder dessen Abkömmlinge erben von einem unehelichen Kinde des Vaters nur die Hälfte von dem, was der Vater als ehelicher Vater erben würde, wenn das Kind nicht mindestens 6 Jahre lang mit dem Vater, und, falls der Vater verheiratet ist, von diesen 6 Jahren nicht mindestens 3 Jahre auch mit der Frau des Vaters in Hausgemeinschaft gelebt hat. In diesem Falle und dann, wenn weder gesetzliche Erben der ersten Ordnung noch andere Erben der zweiten Ordnung noch eine Frau des unehelichen Kindes vorhanden sind, erben der Vater oder dessen Abkömmlinge in demselben Umfange wie ein ehelicher Vater oder dessen Abkömmlinge.“	40/41
§ 1932	Der erste Halbsatz des ersten Satzes erhält folgende Fassung: „Ist der überlebende Gatte neben Verwandten der zweiten Ordnung, neben Großeltern oder neben einem unehelichen Kinde des Erblassers gesetzlicher Erbe, . . .“	41

§§		Seite
§ 1932a	Neuer §: „Sind neben einem unehelichen Kinde als gesetzlichem Erben seines unehelichen Vaters oder neben einem unehelichen Vater als gesetzlichen Erben seines unehelichen Kindes gesetzliche oder von dem Erblasser eingesetzte Miterben der ersten oder zweiten Ordnung oder Vorfahren höherer Ordnungen oder eine Witwe des Erblassers vorhanden, so können diese Miterben zu dem Nachlasse gehörende Gegenstände und Inbegriffe von Gegenständen, insbesondere Aufzeichnungen, Urkunden und Schmuck, aber auch Erwerbsgeschäfte, Landgüter oder Anteile an ihnen für sich beanspruchen. Reicht der übrige Nachlaß für einen Ausgleich zugunsten des unehelichen Kindes oder des unehelichen Vaters nicht aus, so haben die Miterben den Ausfall durch Zahlung von Geld auszugleichen. Sie haften den Ausgleichberechtigten als Gesamtschuldner."	40/41
§ 1933	Neuer Absatz II: „In den Fällen der §§ 1924 Abs. 5, 1925 Abs. 4 und 1932a ist die Frau des unehelichen Kindes oder des unehelichen Vaters nicht zu berücksichtigen, wenn die Voraussetzungen des ersten Absatzes für den Ausschluß des überlebenden Gatten von Erbrecht und Voraus vorliegen."	
§ 1938	Neuer Absatz II: „Der uneheliche Vater oder einer seiner Vorfahren kann das uneheliche Kind oder einen von dessen Abkömmlingen; das uneheliche Kind oder einer von seinen Abkömmlingen kann den unehelichen Vater oder einen von dessen Vorfahren von der gesetzlichen Erbfolge nur ausschließen, wenn dieser uneheliche Verwandte gemäß den §§ 1924 Abs. 5 oder 1925 Abs. 4 dasselbe Erbrecht wie ein ehelicher Abkömmling oder ein ehelicher Vorfahre derselben Ordnung des Erblassers haben würde, oder wenn der Erblasser gemäß den §§ 2333, 2334 berechtigt wäre, diesem Verwandten den Pflichtteil zu entziehen."	40/41

II. Für das Gerichtsverfassungsgesetz.

§ 23	Im Absatze I Ziffer 2 treten folgende Änderungen ein: a) Im 6. Absatz werden zwischen das Wort „Unterhaltspflicht" und das Punktkomma folgende Worte eingefügt: „abgesehen von den Ansprüchen des unehelichen Kindes." b) Der 7. Absatz fällt weg.	16,17, 22,45

III. Für das Reichsgesetz für Jugendwohlfahrt vom 9. Juli 1922.

Nach § 26	Hinter den § 26 und vor der Überschrift „vorläufige Unterbringung" ist einzufügen als Überschrift: „2a Beratung."	

§§		Seite
§ 26a	Darauf folgt neuer § 26a:	44, 47
	„Jede unverheiratete Frau hat, sobald sie annehmen muß, daß sie schwanger ist, hiervon das Jugendamt zu unterrichten, wenn sie nicht zurzeit der Empfängnis verheiratet war. Dieselbe Pflicht haben Ärzte, Hebammen, Heilgehilfen, Leiter und Angestellte von Mütterberatungsstellen und andere Helfer und Berater der Schwangeren von Beruf, wenn sie bei ihrer Berufstätigkeit von einer solchen Schwangerschaft erfahren. Sobald das Jugendamt von der Schwangerschaft einer Unverheirateten erfahren hat, hat eines seiner Mitglieder oder Fürsorger die Schwangere aufzusuchen, zu beraten und ihr bei der Vorbereitung der Geburt zu helfen. Es hat alsbald dem Vormundschaftsgerichte insbesondere darüber zu berichten, wer als Vater des Kindes in Betracht kommt und wie weit die Angaben der Schwangeren in dieser Hinsicht glaubwürdig sind. Rat und Hilfe hat das Jugendamt auch später der Mutter und dem Kinde zu gewähren — insbesondere bei der Beitreibung von Unterhaltsansprüchen."	15, 44 16, 44
§ 30	Im Absatz III tritt an die Stelle von „in § 26" „in den §§ 26 und 26a".	
§ 35	An die Stelle des jetzigen Absatz I tritt folgender Wortlaut: „Steht weder der Mutter noch dem Vater die Gewalt über ein uneheliches minderjähriges Kind zu, oder ist nach dem Tode der Mutter und des Vaters keine der im § 1776 erster Absatz des BGB. genannten Personen vorhanden oder zur Übernahme der Vormundschaft geeignet (§ 1787, 1. Absatz BGB.), so wird das Jugendamt des gewöhnlichen Aufenthaltsortes des Kindes oder, falls es einen solchen nicht hat, des vorübergehenden Aufenthaltsortes des Kindes dessen Vormund. Dem Tode des Vaters steht es gleich, wenn der Vater vom Vormundschaftsgerichte nicht festgestellt ist." Der Absatz II fällt weg.	

IV. Für das Reichsgesetz über die Angelegenheiten der freiwilligen Gerichtsbarkeit.

§ 56a	Dem § 56 folgt ein neuer § 56a:	16,17, 22,45, 48
	I. „Zuständig für das Verfahren zur Feststellung der Vaterschaft eines unehelichen Kindes (§ 1600b, dritter Absatz BGB.), für die Entscheidungen über die Ansprüche der Mutter und des unehelichen Kindes (§ 1615a BGB.) und für alle anderen Entscheidungen, die ein uneheliches Kind als solches betreffen, ist das Vormundschaftsgericht des Bezirks, in dem die Mutter des unehelichen Kindes sich gewöhnlich aufhält. Falls der Aufenthaltsort sich häufig	

ändert, so ist der Bezirk maßgebend, in dem sich die Mutter zurzeit der Einleitung des Verfahrens aufhält. Für die Ansprüche der Mutter des unehelichen Kindes aus § 1715 BGB. ist das Gericht zuständig, das für die Ansprüche des unehelichen Kindes nach Satz 1 und 2 zuständig sein würde."

II. In dem Verfahren zur Feststellung des Vaters eines unehelichen Kindes haben die Mutter des unehelichen Kindes und jeder Mann, der als Vater des Kindes in Betracht kommt, die Stellung von Zeugen. Der § 15 gilt jedoch mit der Abweichung, daß der Mutter des Kindes und allen anderen als Zeugen geltenden Beteiligten ein Recht auf Weigerung des Zeugnisses (§§ 383, 384 ZPO.) nicht zusteht abgesehen von dem Falle, daß ihnen eine Aussage die Gefahr einer Verfolgung wegen eines der in den §§ 173, 174, 176–179 des Strafgesetzbuches aufgeführten Verbrechen zuziehen würde. Die Mutter muß den vermeintlichen Erzeuger ihres Kindes und gegebenenfalls, soweit sie dazu imstande ist, alle Beischläfer der Empfängniszeit nennen. Die Anordnung der Zeugniszwangshaft des § 390, zweiter Absatz ZPO. ist nicht von einem Antrage abhängig." 44,45, 47

III. „Das Vormundschaftsgericht hat auch dann Ermittlungen darüber anzustellen, wer der Vater des Kindes ist, wenn ein Mann angibt, der Vater des Kindes zu sein." 23/24

IV. „Das Vormundschaftsgericht hat Auskünfte über die Lebensführung der Mutter des Kindes und darüber, mit wem die Mutter in der Empfängniszeit Geschlechtsverkehr gehabt hat, von den Jugendämtern und den Polizeiverwaltungen einzufordern, in deren Bezirken sich die Mutter in der Empfängniszeit aufgehalten hat." 45

V. Falls sich der Erzeuger des Kindes schon vor dessen Geburt feststellen läßt, hat das Vormundschaftsgericht schon vor der Geburt des Kindes den Erzeuger festzustellen und über die Unterhaltspflicht des Erzeugers und der Mutter zu entscheiden. Die Entscheidung kann verschiedene Summen von Unterhaltsbeträgen zum Gegenstande haben, die der möglichen Art der Versorgung des Kindes (durch die Mutter, den Erzeuger oder einen Dritten) angepaßt sind. Diese Entscheidung ist nicht deshalb ausgeschlossen, weil die Unterhaltsansprüche durch die Geburt eines lebenden Kindes bedingt und erst in der Zukunft fällig sind. Schon vor der Geburt des Kindes kann das Gericht auch verfügen, daß der Erzeuger den Unterhaltsbetrag für die ersten drei Lebensmonate des Kindes zu dessen Gunsten hinterlegt. 28, 45

Das Gericht hat das Verfahren auszusetzen, wenn Beweismittel, die für die Zuverlässigkeit der Feststellung des Erzeugers wertvoll sind (Blutgruppen- und Ähnlichkeitsprüfungen, abwesende Zeugen usw.), noch nicht benutzt werden können."

§§ Seite

VI. „Alle Entscheidungen des Vormundschaftsgerichtes sind eingehend begründete Beschlüsse. Soweit sie Leistungen zum Gegenstande haben, sind sie ohne die Leistung einer Sicherheit durch den Gläubiger vorläufig vollstreckbar. Gegen die Beschlüsse ist die sofortige Beschwerde zulässig."

VII. „Der § 323 ZPO. ist anwendbar. An die Stelle der Klage tritt ein Antrag, zu dem das Kind, die Mutter und der Vater berechtigt sind." 45

VIII. „Die §§ 580–591 ZPO. finden entsprechende Anwendung. An die Stelle der Restitutionsklage tritt der Restitutionsantrag, den das uneheliche Kind, dessen Mutter und der in der Entscheidung als Vater bezeichnete Mann stellen kann." 45

IX. „Die Geschäftsstelle des Vormundschaftsgerichtes hat dem gesetzlichen Vertreter des unehelichen Kindes bei der Beitreibung von Ansprüchen zu helfen, insbesondere Vollstreckungsmöglichkeiten zu ermitteln." 16, 47

V. Für die Reichskostenordnung vom 25. November 1935. (RGBl. I, S. 1371.)

§ 123 Hinter dem § 123 folgt ein neuer § 123a: 48

I. „Die Zurückweisung und die Zurücknahme von Anträgen, die ein uneheliches Kind als solches betreffen, sind gebührenfrei."

II. „Das Vormundschaftsgericht kann jedoch einem Beteiligten in einer Entscheidung die Pflicht zum Ersatz derjenigen Kosten auferlegen, die er durch ein ihm erkennbar unbegründetes Vorbringen (Gesuch, Beschwerde, Widerspruch usw.) oder eine Nachlässigkeit veranlaßt hat."

F) Verordnung des Reichsministers der Justiz vom 31. Mai 1934 über die Vereinheitlichung in Familien- und Nachlaßsachen. – RGBl. I, S. 473:

§ 10 fällt weg.

VI. Für die Allgemeine Verfügung des Reichsministers der Justiz vom 27. Juli 1934 – RGBl. I, S. 738.

Die Ausführungen zu § 10 der VO. vom 31. Mai 1934 und die Gebührenbestimmung unter 9, 5c fallen weg.

§§		Seite
	VII. Für das Reichsstrafgesetzbuch.	
§ 170b	erhält folgende Fassung:	47

„Wer sich einer gesetzlichen Unterhaltspflicht aus bösem Willen entzieht, wird mit Gefängnis bestraft.

Außerdem kann der auf die Strafe erkennende Richter anordnen, daß der Verurteilte eine bestimmte Zeit in einem Arbeitshause verbringt. Die Zeit darf zwei Jahre nicht überdauern. Der Aufenthalt im Arbeitshause endet schon vor der Zeit, auf die der Richter erkannt hat, sobald der Verurteilte alle Unterhaltsbeträge, mit denen er rückständig gewesen ist, bezahlt hat."

Sachverzeichnis

(U = uneheliches Kind. MU = dessen Mutter. Die Zahlen bedeuten die Seiten)

MIX
Papier | Fördert
gute Waldnutzung
FSC® C083411

Kolibri 360 GmbH
Ferdinand-Jühlke-Straße 7
99095 Erfurt, Deutschland
produktsicherheit@kolibri360.de